はじめての自費出版

幻冬舎ルネッサンス 編

幻冬舎 MC

はじめての自費出版

はじめに

特別な想いを誰かに伝えたい、生きた証しを残したい。

「表現欲求」は人間の最も本質的な欲求の一つです。これは、世界の遺跡から見つかった数万年前の模様や幾何学記号、さまざまな過去の書物からも見てとれます。絶えず行われてきた表現活動を見れば、表現欲求はもはや人類のDNAに刻まれた遺伝子の一部であるといっても過言ではありません。「何かを表現したい、伝えたい」というのは、人間にとって生きている限り芽生える、ごく自然な感情です。

歴史を振り返れば、「表現」はさまざまなかたちで存在していました。表現には、絵、音、文字などいろいろな手法がありますが、最も身近な表現手段として定着したのは「文字」です。5000～3000年前に発明されて以降、多くの人々が文章でその想いを記録するようになりました。

そして「出版」という概念が生まれてからは、より多くの人々へ地域や時代さえも超えて自分の想いを伝えられるようになりました。

出版は多くの人々へ自分の想いを伝えるだけの手段とは限りません。例えば自分の家族や子孫に向けて「自分の生きた証し」を伝える有効な手段でもあります。自分の先祖が何を考えて当時を生き抜き、どんな経験をし、その時々にどのような選択・決断をしたのか。その一端に触れられる何かしらの記録が残っていれば、子孫は目を通したいはずです。このように伝えたい人に向けて想いをかたちにできるのが本の良さであり存在意義なのです。

ただ、出版というと限られた特別な人だけのものととらえられがちですが、決してそうではありません。出版には、出版社主導で「売るための本」を作る商業出版だけでなく、個人が表現したいことを自由自在に追求できる「自費出版」があります。

私たち幻冬舎ルネッサンスは、幻冬舎グループの自費出版ブランドとして多くの著者の「初めての1冊」をサポートしてきました。これまで世に送り出してきた書籍は、エッセイ、小説、詩集、ビジネス書など、さまざまなジャンルにわたりその数は3700点を超えています。

そこで本書では、自費出版の仕組みや、個人が自分の想いをまとめ、より多くの人に読んでもらうためのノウハウなどを余すところなく紹介しています。

生きた証しを誰かに伝えたいと考えている人や、想いをかたちにしたい人、そんな人たちの背中を押すきっかけになれば幸いです。

目次

第1章

自分が生きた証しを残す、特別な想いを伝える——

出版は誰にとっても身近な表現手段

第2章

自費出版と商業出版
～出版モデルの違いと特徴を知る～

第3章

原稿はこうして「本」になる
～原稿執筆から入稿、校正、校了まで～

第4章 書籍を世に生み出す
～カバーづくりから紙選び、印刷・製本まで～

第5章

本はどうやって書店に並ぶのか

書籍の流通戦略 ～取次搬入から店頭陳列まで～

第6章 急拡大する電子書籍マーケットを知る

第7章

自らの作品を世に知らしめる

書籍プロモーションを知る

序章

「表現欲求」は人間の最も本質的な欲求の一つ

想像力とともに表現力を獲得した人類

人類が言葉を話し始めたのは10万〜8万年前といわれています。当初の言葉は単なる情報伝達手段で、例えば獲物がいる、危ないといった生存に関わる情報を仲間に伝えるための、単語の塊のようなものだったようです。遺伝学や考古学の研究によると、約60万年前のヒトにはすでに現代のような音声器官が備わっていたことが明らかになっており、我々人類の祖先が主なコミュニケーションに使用していた〝単語〟の数も現在とさほど変わらなかったと考えられます。

しかし、洞窟の壁画、住居の建設、副葬品を伴う埋葬など、想像力の賜物といえるような文化的遺跡は、7万年前より以前には発見されていません。

表現は言葉、絵、音などさまざまなもので行われ、やがて人類は文字を発明しました。現存する文字で最も古いのは、5000〜3000年前のエジプトの象形文字

図1 マズローの欲求5段階説

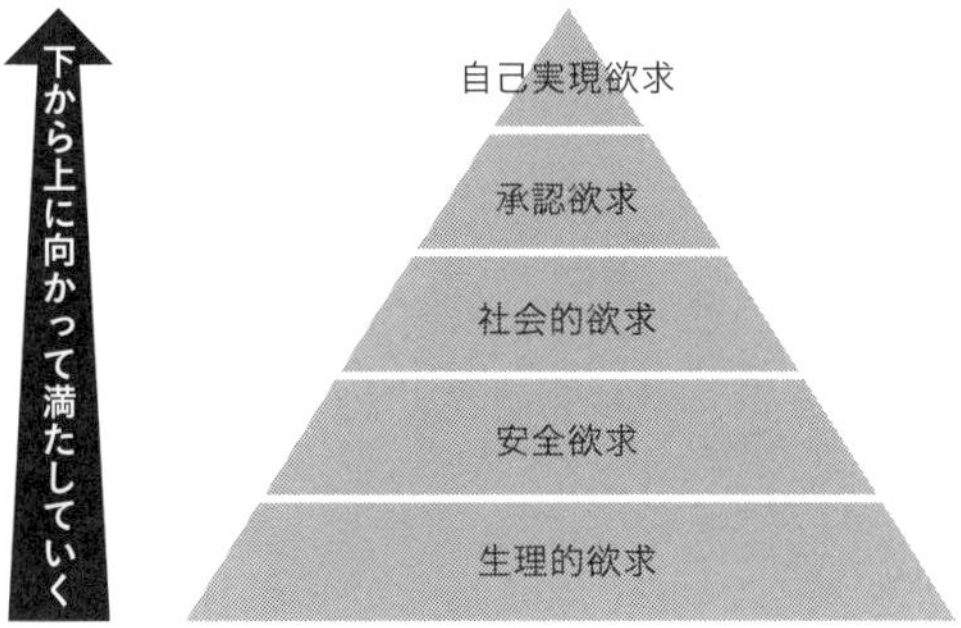

出典:「用語解説 マズローの欲求階層説」(野村総合研究所)

ヒエログリフ、メソポタミアの楔《くさび》形文字、中国の甲骨文字といわれています。ただし、ヨーロッパでは4万年前の氷河期に描かれたと推察される不可思議な幾何学記号が368もの洞窟から発見されており、これを最初の文字とする説もあります。

いずれにせよ、文字によって人類は目の前にいる人だけでなく、遠く離れた人や子孫にまでその想いを伝えることができるようになりました。さらに印刷の発明によって、数えきれないほど多くの人たちに、自らの表現を伝えられるようになったのです。

人間の表現行為というものは、根本的な欲求に深く結びついています。有名なマズローの欲求5段階説に当てはめると、例えば体験談を語って集団内での存在感を高めようというのは社会的欲求ですし、面白い文章を書いて賞賛されることは承認欲求につながります。そしてそれが自分の幸せにつながると感じる人は、表現することで自己実現したいと考えます。作家などはその最たる例です。

つまり人間は自らのさまざまな欲求をかなえるために、表現力を遺憾なく発揮してきた生き物なのです。

歴史を振り返ると「表現手段」はさまざまなかたちで存在していた

表現するためには手段が必要です。原始的な表現方法には語る、歌う、踊るなどがありますが、それらは記録されない限り一回きりのものであり、その場にいる人にしか伝わりません。そのなかで、言葉での表現は、文字を書くという手段によって数千年前から記録され、人々に伝えられてきました。

文字を記録する材料として、古くは古代メソポタミアの粘土板もありますが、最もポピュラーなのは紙です。5000年前のエジプトではすでに紙の前身となるパピルスが使われていましたし、現在の「紙」も2000年前の中国で発明されたといいます。歌う、踊るという表現を記録として残すには、録音装置や録画装置が発明される近現代まで待たなければならなかったことと比べると、そうした特別な装置を必要としない点でも、文字と紙は長らく人間にとって手軽で身近な表現手段であり、伝達手段でもあったのです。

それが近年、インターネットの普及によって大きく変わりました。紙を用いなくても、電子データによる仮想空間上に文章を残すことができ、しかもそれを世界中の人々が共有できるようになったのです。

ネット上の表現手段の代表格がSNSです。現在日本国内ユーザー数4500万人の「X（旧Twitter）」は、若年層だけでなく幅広い年齢層にも広がっています。Gaiaxソーシャルメディアラボの「13のソーシャルメディア最新動向データまとめ」によると、確かに10代の利用率が84・6％と圧倒的に高いものの、60代の利用率も

32・6％と約3人に1人が利用している計算です。これは、紙や電話といった従来の表現・伝達ツールに慣れ親しんだ人でも、より多くの人に表現したい、承認されたいという意識をもっている一つの表れといえます。

SNSは人々の表現のハードルを劇的に下げました。日常でふと思うことがあったら、その場でスマホに文章を打ち込み、投稿ボタンを押すだけで、世界中の人たちに向けて自分の表現が発信されるのです。インフルエンサーと呼ばれる人たちは、一つの投稿で数万件もの「いいね」という評価を受けることがあります。それは、少なくとも数万人の人たちが見ているということです。紙しかない時代にはベストセラー作家の書籍や雑誌、新聞でしかあり得なかった現象です。しかし、それはいまや特別なことではないのです。

自分の日記のようなものをインターネット上に残す人も増えています。少し前はブログ、最近はnoteというツールが人気です。これも世界中の人たちが自由に閲覧できます。本人はただの日記のつもりで書いたものでも、読んだ人から何かしらの感想が寄せられればうれしいはずです。だからもっと書きたくなります。これも紙の日記帳しかなかった時代には、想像もつかなかった表現手段です。

このように、人々の表現欲求を手軽に満たしてくれるようになったインターネットですが、心の底から湧き起こるような真の表現欲求をどこまで満たしてくれるかは分かりません。同じく人間の本能的な欲求である食欲で例えると、小腹が空いている程度ならコンビニのおにぎり一つで十分かもしれませんが、大きな仕事を終えたときなど節目には、もっと手の込んだご馳走をじっくり時間をかけて食べたいと思うはずです。

それと同じように、生身の人間の真の表現欲求は、インターネット上だけにはとどまりません。時間や労力をかけて書き上げた文章は、文字どおりその人の大切な資産です。せっかく表現するのなら、それをSNS上の無形のデータとしてだけではなく、手に取れるかたちにして、後世に残すのも一つの選択肢です。

人間は生きている限り、絶えず表現したいものと出会います。それは表現欲求をもった人間の宿命です。表現したいと思ったものを、文字にして書籍としてかたちにすることは、その人の想いを伝え、生きた証しを残すということなのです。

第1章

自分が生きた証しを残す、特別な想いを伝える――

出版は誰にとっても身近な表現手段

先祖の一人ひとりは何を考え、何を想って生きたのか

この世に生を受け、成長し、今の私たちが存在しています。もし私たちの先祖が子をもつ前に命を失っていたとしたら私たちは存在していません。

命のバトンパスによって、私たちの存在は支えられているのです。

その間、長い人類の歴史には多くの戦争や災禍がありました。14世紀のヨーロッパで流行したペスト（黒死病）によって当時のヨーロッパ人口の約3分の1が死亡しました。日本では太平洋戦争末期の１９４５年のわずか1年間に、東京大空襲で10万人以上、広島での原爆投下で約14万人、長崎での原爆投下で7万人以上とおびただしい数の人が命を落としました。しかし、先祖がこうした困難な時代を生き残ってきた結果として私たちは今存在しています。これはまさに奇跡です。

人類誕生から現代に至るまで、さまざまな時代のさまざまな環境で必死に生きてき

た先祖の一人ひとりが、その日そのときいったい何を考え、何を想って生きてきたのか知りたい、もし時間をさかのぼれるなら会って話がしたい、せめてその人が書いたものを読みたい、そのように思うのは決して不思議なことではありません。子どもでさえ「おじいちゃんはどんな人だったの？」と質問をします。自分のルーツを知りたいというのは、人間の普遍的な感情です。

先祖を知る手がかりの一つに家系図があります。家系図とは自分と関連のある家族、一族の系統を表したものです。親子や兄弟姉妹などの血縁関係だけでなく、結婚や養子縁組によって築かれる非血縁関係も含まれます。

家系図によって、何世代も前に生きていた人々が存在したことを確認でき、自分がこの世に存在するのは彼らが長い時間をかけて紡いできた命の営みのおかげなのだと先祖や先人たちへ感謝の気持ちも自然と湧いてきます。しかし家系図はあくまでも客観的な記録です。先祖が何に喜び、何に悲しみ、何に怒り、何に笑ったかというような生々しい息遣いや肌触り、温もりは決して伝わってきません。

その点、テレビ番組「ファミリーヒストリー」は、こうした先祖の生きざまを知りたいという欲求を見事に吸い上げた番組といえます。この番組は2008年からNHK総合テレビジョンで放送されているドキュメントバラエティーです。さまざまな分野で活躍している著名人の両親や先祖がどのように生き抜いてきたかを、国内外の関連人物に取材し、VTRを本人が視聴するかたちで番組が構成されています。取材映像や証言者の声で構成される家族のVTRは、毎回ゲストの涙を誘います。単なる事実の羅列ではなく、緻密な取材によって先祖の心情を追体験しているかのような映像に仕上がっているからです。

しかし一般人には、そのような感動に触れる機会はなかなかありません。仮に莫大な費用をかけて専門家に家系図を丹念にたどってもらったとしても、先祖の息遣いが感じられるようなレポートを第三者に書いてもらうことはまず難しいのです。

ですが、そうした感動を手に入れられる唯一の方法があります。それは、先祖本人が自ら書き残したものを読むことです。

もし、平安時代の先祖が書いた日記が残っていたら……

現代には、平安時代に書かれた日記文学がいくつも残っています。なかでも日本初の日記文学といわれる『土佐日記』は、古今和歌集の編纂《へんさん》にもあたった平安時代を代表する宮廷歌人・紀貫之が著したとされ、土佐国から都への帰路を描いています。貫之は女性のふりをして仮名文字で個人的な感情や旅の情景を描写しています。また、和歌を効果的に取り入れて心の動きを表現しています。旅の途中で感じた心の機微を文章で表すことに重点をおいた貫之の手法は、従来の記録的な日記とは異なる新しい日記文学のかたちを生み出しました。

また、『枕草子』は一般的には日本初の随筆と称されていますが、宮廷での暮らしをいきいきと描いた日記的な作品として有名です。約300段の文章があり、季節の趣や日常生活の様子が描かれています。著者の清少納言は才気溢れる女性で、中宮定子に仕えていました。清少納言の鋭敏な感性は、人間関係の微妙さや日常の美しさについてつづられた「ものづくし」という文章に顕著です。

これらの日記文学は、学術的には平安時代の風俗や文化、人々の心情を知るうえで貴重な資料とされていますが、時代を超えて愛される読み物でもあります。1000年以上も前に書かれた作品でありながら今も読者の心に響くのは、紀貫之や清少納言の日常生活から人々の今も昔も変わらない姿を見て取れるからです。

他人が書いたものですら、私たちは共感をもってその時代に想いを馳せることができます。これがもし自分の先祖が書いたものだとしたら、その感動ははかりしれません。それを今から探し出すのは不可能に近いですが、残すことは可能です。つまり、自分が書けばいいのです。

優れた作品でなくとも、血のつながった先祖の「生きた記録」は子孫なら必ず読みたい

「自分には大して文才はない。だから後世に残るような文章は書けない」と思う人もいます。確かに、今世の中にある文学作品が1000年後もたくさんの人に読まれているかを考えると確率は非常に低いと思います。1000年どころか100年後、10年後でも怪しいといわざるを得ません。ちなみに日本統計年鑑によると、2021年に書籍は6万9052点出版されていますが、今も読み続けられている作品がどれくらいあるかを想像すれば答えは自ずと知れます。

しかし、優れた作品でなくとも、血のつながった先祖の「生きた記録」は子孫なら必ず読みたいはずです。そもそも文才だとか、後世に残るような文章というのは、あくまでも他人が読むときの視点で、表現欲求に才能も何もありません。書きたい、だ

から書く、それだけでいいはずです。そして、それが残るかどうかはあなた自身にかかっています。それをかたちあるものとして子や孫に引き継ぐということが大事です。代々語り継がれるような立派な人生を送ることも、莫大な財産を残すことも必要ありません。たった1冊の本が家の書棚に残っていればそれでいいのです。

必ず誰かにとって価値があるというのが本の良さであり、存在意義です。もし血のつながった先祖の書いた本が書棚にあったとすれば、その本は先祖の生きた記録でもあります。文学的に優れているかどうかは関係なく、唯一無二の記録として、この世にあるだけで読みたくなるはずです。本として大きな価値があるといえます。

会ったことのない先祖が残した文章　その書きぶりから当時に想いを馳せる

先祖の生きた記録といっても、極端にいえば書籍でなくても構いません。たった1

冊の手帳、あるいは1枚のハガキでもいいのです。

太平洋戦争では、激戦地に残された日本兵の遺品、日章旗や手紙、写真などがアメリカ軍兵士によって数多くアメリカに持ち帰られました。しかし、約50年前に遺品を持ち主の遺族に返す取り組みがアメリカで始まりました。この取り組みを始めたのはアメリカに住む三重県出身の医師で、現在も新しいメンバーに引き継がれて半世紀近く続いています。

朝日新聞の2019年7月9日付の記事によると、2018年11月、横浜市の野村恵美さんは、長崎・五島列島で暮らす父親と一緒に1枚のハガキを受け取りました。そのハガキは野村さんの伯父である山口茂男さん（故人）が出征前に勤めていた会社の上司に宛てたものです。野村さんは、伯父の山口さんが西太平洋のマリアナ諸島で1944年7月頃に戦死したということは知っていましたが、家族で戦死した人がいるということぐらいの知識しかもたず、「どこかひとごとのようだった」と言います。しかしハガキを目にしたとたん、「若かった伯父は戦争から帰ってきたら、やりたいことがたくさんあったのだろう」と、自分事として感じたそうです。それは先祖である山口さんの生きた記録を目にしたからです。

こんな話もあります。日本経済新聞の2014年6月15日付の記事によると、1944年6月、太平洋戦争の激戦地であったサイパン島で戦死した日本兵の日記が、70年後に日米両国の翻訳者によって英語に翻訳され、アメリカで出版されました。戦死した日本兵の日記はフィリピンなどでも見つかっていますが、英語での翻訳出版は珍しいということです。

サイパン島では、日本兵3万人以上、民間人8000人以上が死亡しました。日記の筆者は、23歳で戦死した静岡市出身の市川源吉・海軍一等兵曹です。彼は1943年12月からアメリカ軍上陸直前の1944年6月まで、手帳に日記をつづっていました。それを、アメリカ海兵隊員が海岸で手に入れ、1983年に日本の遺族に返還しました。アメリカ側に残されていたコピーを読んだハワイ在住の経営コンサルタント・公平良三さんが感銘を受け、知人でカリフォルニア州在住の出版社経営者ダグラス・ウエストフォールさんと共同で翻訳し、日米両国から見たサイパンの戦いの解説も加えて共著にしました。

日記には、内地に残した家族に対する想いが多くつづられています。子どもの1歳の誕生日には、「私はひそかに戦地で祝って居る。喜んで来《く》れ。今頃は少々の口もきこへる事だろう。歩くようになったかしらと想ひ、胸が一杯に成る」と記されています。市川源吉さんの甥である市川洋平さんは、「伯父もこれで報われたと思う」と出版を喜んでいます。

　マリアナ諸島で亡くなった山口さんも、サイパンで亡くなった市川さんも、それを書いていたときはよもや新聞に取り上げられたり、本になったりするとは思っていなかったはずです。ただ家族や知人に想いを伝えようと一生懸命ペンを走らせたに過ぎません。しかし、その想いが子孫にとどまらず後世の多くの人たちに感動を与えています。そこに文章のうまい下手は関係ありません。誰かに想いを伝えたいという行為すべてに文学的価値があるのです。

自分の生きた記録を後世に残し、子孫がその想いに直接触れる未来

こうした戦時中のハガキや手帳に書かれた文章を子孫や後世の人々が読んだのは偶然の出来事です。しかし、あらかじめ子孫や後世の人々に読んでもらうために書かれた文章もあります。それが自伝です。

なかでもアメリカ建国の父といわれるベンジャミン・フランクリンの自伝は、息子のウィリアムに宛てて書かれたものとして有名です。自伝の冒頭でフランクリンは「息子よ」と呼びかけ、「私のこれまでのことを知るのはうれしいだろう」と、自分を含めた先祖たちの歴史を語り始めます。この『フランクリン自伝』は、ぜひこれから自費出版を行いたい人に読んでほしい1冊です。自伝を書くうえで非常に示唆に富む記述が多いからです。例えば、フランクリンは自伝を書くに至った心境をこう記しています。「もしもお前の好きなようにしてよいと言われたならば、私はいままでの生涯

を初めからそのまま繰り返すことに少しも異存はない。（中略）ところが、こうした繰り返しはできぬ相談だから、その次に一つの生涯を生き直すのにもっとも近いことはと言えば、生涯を振り返り、そして思い出したことを筆にしてできるだけ永久のものにすることではないかと思う」。まさに自分の想いや生きた記録を後世に残す意義を明確に語っています。

執筆については次のような心構えを語っています。「こういうものを書けば、老人によくある、身の上話や手柄話ばかりしたがる癖を満足させることができもしよう。だが、そんな癖が出たにしても、読もうと読むまいとそれは各人の勝手なので、老人の言うことだから聞いてやらねばと考えてくれる読者には別段うるさくもあるまい。（中略）よく出だしの文句で『自分は少しも自惚れることなく言うが』などとことわる人のあるのを見聞きするが、そのような場合、大概は直ぐ後に自惚れたっぷりの言葉がつづくものである。（中略）（だがしかし）自惚れというものは、その当人にもまたその関係者にも、しばしば利益をもたらすと信ずる。年寄りの話が長くなったり自慢話が多くなったりするのは仕方のないことだし、自己主張も聞く人によってはタメにもなるだろうから、堂々と書く」と宣言しています。この姿勢は大いに見倣うべきです。

特定の誰かに向けて書くのは文章表現としても有効です。例えば夏目漱石の不朽の名作『こころ』の後半は、そのほとんどが「先生」が「私」に宛てた手紙で構成されています。『こころ』はフィクションですが、特定の誰かに宛てて書かれた文章の本質を語るには格好のお手本です。先生から私に宛てた手紙の冒頭には、このような言葉がつづられています。

「義務は別として私の過去を書きたいのです。（中略）ただし受け入れる事のできない人に与えるくらいなら、私はむしろ私の経験を私の生命《いのち》と共に葬《ほうむ》った方が好《い》いと思います。（中略）私は何千万といる日本人のうちで、ただあなただけに、私の過去を物語りたいのです」

このように書かれて、読もうという気持ちが微塵も起きない人はほとんどいません。読む気がしないなら、よほどその書き手が嫌いなのではないかと思います。それくらい、誰かに宛てた文章には嘘がなく、真の心の叫びだと読み手は感じます。

このように誰かを想像して、その誰かのために書くというのは、筆を進めるのにとても有効です。具体的には、子孫がその想いに直接触れる未来を想像しながら書くのです。これは非常に贅沢な体験です。書いている間、あなたの心はまだ見ぬ未来の子孫たちの心とつながっています。時空を超えた対話をしているのです。

表現としての出版

SNSの普及で、生活の記録（ライフログ）を残すことが当たり前になりました。なかでもFacebookは、ハーバード大学の学生だったマーク・ザッカーバーグ氏が立ち上げたのが2004年2月、日本語版サービスが始まったのが2008年の5月19日ですから、すでに15年以上の歴史があります。初期からFacebookでライフログを書き連ねている人にとっては、立派な記録です。その人が存命中であれば、知人や家族はインターネットを通じて読むことができますが、人間はいつかこの世から去ります。そのとき、人生を通して続けてきた記録はどうなるか考えると、生きた証しをバラバラの状態で電子の海に沈めたままにしておくにはしのびなく、せっかくそこまで記録したのなら、子孫や後世の人類のためにかたちに残すべきだと思います。

SNSによるライフログや自己表現の最終地点を模索したときに、クローズアップされるのが本という存在です。

紙の本の良いところは、印刷物としてかたちに残るということです。例えばブログやSNS、今はやりのnoteに何かを書いたとします。誰かに読んでほしいと思ったら、URLを送り、それをクリックしてページを開いてもらわなくてはいけません。動作としては単純ですが、わざわざ時間をつくって行動するのは案外面倒なものです。よほど有益な情報だと思わせない限り、なかなか読んではもらえないのが現実です。

しかし、紙に印刷された書籍であれば直接相手に渡すことができ、受け取れば重さや厚さ、紙の手触りを感じることができます。個人の想いという無形物を、本という有形物で伝えることができるのです。これはSNSでは絶対にできないことです。今は著作権が切れた過去の名作をネットで無料で読める時代ですが、紙の書籍が廃れることはなく、多くの読者が実物を購入しています。やはり人は紙の本を読むのが好きなのです。

生きた記録である書籍は国立国会図書館で保存される

さらに、本を出版すると「国立国会図書館」に納本されるという利点もあります。「国立国会図書館」は、国会に属する唯一の国立の図書館で、国会法第130条の規定に基づき設置された機関です。

国立国会図書館の使命と役割は国立国会図書館法に定められており、日本の民主化と世界平和のために、主に国会議員に情報提供することを目的としています。ただし、一般市民や研究者にも情報提供サービスを行っており、国内外のさまざまな文献や資料を所蔵しています。

国立国会図書館は、1948年6月、赤坂離宮（現迎賓館）を仮庁舎に開館し、開館20周年にあたる1968年に現庁舎である本館が完成しました。本館と

1986年に建設された新館を合わせた総面積は約14万8000平方メートル、うち書庫が53%を占め、総収蔵能力は約1200万冊にも及びます。

最大の特徴は、流通する書籍はすべて納本され、保存されるということです。国立国会図書館に納本された書籍は、文化的資産として全国民に公開・共有されるとともに、日本国民の知的活動の記録として半永久的に保存・継承されます。これは出版社が手掛ける自費出版の本でも同じです。有名作家の書籍と同じように、あなたの本も国立国会図書館に納本されるということです。納本の手続きは出版社が行うので、著者の負担はありません。

出版すれば日本という国があり続ける限り、あなたの本は国立国会図書館に残り続け、後世にわたって子孫が自由に閲覧できるようになります。国が運営する機関に残るのですから、半永久的にあなたの想いが残されるのと同義です。これは本を出版した人間だけに与えられる特権です。それだけでも出版には大きな価値があるといえます。

小説、エッセイ、旅行記、表現方法は十人十色

現在、日本ではSNSなどを通じて誰もが日常的に何かを表現しています。まさに一億総表現者の時代、この幸せを享受しない手はありません。

自費出版という形式において表現する内容は決して限定的ではありません。自分の半生、思考、あるいは空想、旅やビジネスなどの経験、学術論文や調査レポートなどなんでもOKです。文章だけでなく、写真なら写真集、絵なら絵本やイラスト集と、さまざまなかたちで出版できます。

今では誰もが知る有名作家が、実は自費出版からスタートしているというケースは枚挙にいとまがありません。

例えば『銀河鉄道の夜』や『注文の多い料理店』などの作品で知られる作家・詩人の宮沢賢治は、1924年に自費出版で詩集『春と修羅』を発表したのが作家とし

てのデビューです。妹・トシの最期をうたった『永訣の朝』などが収録されており、1000部発行しましたが、当時彼が無名だったためほとんど売れず、売れ残った本は自ら買い取り、親しい人などに配ったそうです。その後も彼は詩や童話を書き続けましたが、作品が広く認められるようになったのは亡くなったあとのことでした。それでも生前の賢治は表現することを躊躇しませんでした。自費出版を選んだのも、商業的な成功を目指すだけでなく自分の表現を追求したかったからです。

表現したいという気持ちは誰にも止められません。自費出版のハードルは年々低くなっており、宮沢賢治の時代の1000部と今の1000部ではまったく重みが違うはずです。もし今賢治が生きていたら、誰でも気軽に出版できる今の世の中に心底驚き、なぜあなたは本を出さないのですか? と言うに違いありません。表現したいものがあるならば、自費出版の一歩を踏み出してみるべきです。

賢治のような創作作品以外にも、表現の自由度の高い自費出版では、商業出版では見られない斬新な切り口や核心をついた作品が多数あります。

例えば『教員が変われない本当の理由』(有森修嗣・著)は、元校長である著者独自の経験に基づいた作品で、学校の現実を多角的に見つめ直し、本質的課題を究明する革新的学校改革論です。こうした現場の声は社会を映し出す貴重な鏡なのですが、それがそのまま書籍になることは商業出版ではあり得ません。商業出版のイニシアチブは出版社が握っており、「売れる」本を作ることを目的にしているため、個人の声を吸い上げた本は企画が通りづらいからです。著者に主導権があり、自己実現に主眼をおく自費出版だからこそ、作品としてかたちにすることができるのです。

ほかにも『昭和の子――12歳の自分史』（服部 真・著）は、1958年生まれの著者が小学6年生のときにつづった作文を再編集したものです。通過点として見過ごされてしまいがちな幼少期を自分史として丁寧にとらえる発想や、台風の日に通りすがりの人を家の中に入れてあげたり、新幹線の線路工事中の作業員たちにぼたもちをあげたりといったほのぼのとしたエピソードは、服部さんの人柄を表す心温まるものではありますが、やはり個人の逸話を集めた作品は利益重視の商業出版ではなかなか採用されづらいものとなっています。自費出版として発行することではじめて、多くの読者の心を癒やすことができます。

なぜ個性的な作品が自費出版に多いのかというと、自費出版のイニシアチブは著者が握っており、著者それぞれの生きざまがまっすぐに表現されているからです。表現の妙は筆力や特別な経験の有無で決まるものではありません。平凡な日常であっても、心のなかで常に思考を鋭くし、かつ自分の人生を濃く生きていれば、誰でも一流の表現者になり得るのです。そういう人たちが商業主義的なプレッシャーに押しつぶされることなく、のびのびと自由に筆を走らせた作品が面白くないわけがありません。面白いか面白くないかは、売れるか売れないかとは完全に同義ではないのです。

自費出版は商業主義社会の仕組みからこぼれ落ちた個の表現の受け皿といえます。トレンドや景況感、ムーブメントといったものに惑わされず、自分が向かいたい方向にまっすぐ向かい、自分だけのゴールテープを切ることができます。誰もが自らの表現欲求をかなえることができる自費出版は究極の自己実現の手段なのです。

自分の想いを表現し、好きな形式で本を作ることができる。それが自費出版の強みです。

自費出版著者インタビュー❶

自分を表現して社会とつながりたいという強い想いを自費出版で実現

タイトル『もし、アドラーが「しゅうかつ」をしたら　人生を豊かにするキャリアデザイン』

長田邦博様

●自費出版を決意されたきっかけをお聞かせください。

定年の2年前に、第二の人生をどうするのかを決めなければならないタイミングがありました。私には、会社で雇用を継続するのか、辞めるのかという2つの道がありました。本当の「しゅうかつ」が始まったんですね。いろいろと考えた結果、まずは1回けじめをつけようと思いました。けじめとして自分の36年間のビジネス経験を振り返って卒論を書こう、と。実体験から何か伝えられることはないか、後輩につなぎたい想いはないか……。自分の考えをまとめてみようと書き出しました。

当初は日記を書こうと思っていました。そこで36年間のビジネス経験をストーリーとして思い返し、新入社員の頃からの経験を書き出していくうちに、ふとすごく感動した記憶がよみがえってきました。2013年に、山形県の小さな書店で平積みになっていた『嫌われる勇気　自己啓発の源流「アドラー」の教え』という本を読んだのですが、そのとき著者の考え方が私の36年間を裏付けてくれるような、検証してくれているような……。「人生の答え合わせ」ができて、とても感動したことを思い出したんです。もしかしたら、その感動から自分の考えを枠組みにできないか、それを本にしたらどうか？　と思いつきました。2013年に『嫌われる勇気』を読み、著者と自分の経験が重なり合った。その感動をきっかけに書いたのが私の著書、というわけです。

●自費出版を機に変わったことはありますか？

自分を表現できたこと、自分の軸がしっかりしたことです。周囲から「本を出したのか」と驚かれたことで少し優越感も生まれましたが、やはり一つのことをやりきったという達成感や自信が生まれたことのほうが大きいですね。

●読者から感想は届きましたか？

Amazonで多くのレビューを読みました。私の伝えたいところを感想で書いてくれたり、良かった点や分かりにくい点なども含めていろいろな評価をもらえたりして、本当にうれしかったですね。出版当初は、雑誌の取材などいろいろな問い合わせを受けたこともあって、出版には影響力があるんだなと思いました。

●自費出版を迷っている方へメッセージをお願いします。

本は自己表現をするための一つの手段なので、迷っているなら書いたほうがいいと思います。私はもともと自分の取扱説明書を書こうという趣旨でやっていました。自分を表現して社会とつながりたいという強い想いがあったので、出版を迷うことはありませんでしたが、実際に執筆してみて自己表現がいかに大切なことであるかが身に染みました。いろいろと不安もあるとは思いますが、とりあえず書き始めてから考えていけばいいと思います。

第2章

自費出版と商業出版

～出版モデルの違いと特徴を知る～

自費出版と商業出版のそもそもの違い

自費出版には、著者が執筆から編集、出版まですべてを一手に担うものもありますが、本書では出版社を通じて編集・校正作業を行い、書店流通まで行う本のことを指します。

また、自費出版とは別に、「商業出版」という出版形態があります。商業出版は、プロの作家などが書いた作品を、出版社がすべてのコストとリスクを負って商品として販売するものです。コストとは原稿を作成するためのコスト（著者への原稿料）、本を作るためのコスト（印刷代など）、流通させるためのコスト（輸送費など）、広告宣伝に関わるコスト（新聞への広告出稿費など）、つまり本を作って世に出すためにかかるすべての費用のことです。

リスクで代表的なのは、売れ残って在庫を抱えることです。書店流通している本はいつまでも店頭に並べられるわけではないので、販売開始からしばらくすると書店から出版社への返品が発生します。返品された本の扱いは出版社ごとに異なり、倉庫に一定期間保管する、すべて売れるまで保管する、断裁して処分するなどさまざまですが、売れ残れば出版社の損失になります。ほかにも、本を出すことによって生じる社会的リスク、例えば事実誤認や名誉毀損によって出版社が訴えられたり、あの会社は嘘が書かれた本を出しているなどと噂を広められて評判を落としたりということもあります。それでも商品として制作・販売したい、言い換えれば「売れる」と信じて出版社が作るのが商業出版の本です。

本書での「自費出版」は出版社を通した出版という点では商業出版と同じですが、最大の違いは著者がコストを負担して本を作ることです。通常は自分自身で原稿を作成するため原稿料は生じませんが、本を作るためのコスト、流通や広告宣伝をする契約ならそのためのコストなど、本を世に出すためのコストは著者が負担します。リスクも、社会的リスクについては出版社も背負っていますが、売れ残って在庫を抱えるリスクについては著者が背負うことがほとんどです。返品された本を著者が買い取る

図2 自費出版と商業出版の違い

	自費出版	商業出版
著者になれる人	誰でも可能	プロの作家など
コスト	著者が負担	出版社が負担
目的	著者の自己表現のため	売れる本を作ること
本づくりのイニシアチブ	著者	出版社
表現の自由度	公序良俗に反さない限り、基本的には自由	著者の世界観を100%投影することはほぼ不可能

ことはできますが、もし処分することになり、成果物としての本が減ったとしても、その分の出版費用が返金されるわけではありません。それでも自分の表現として制作・販売したい、言い換えれば自分の想いが伝わると著者が信じて作るのが自費出版の本です。

著者の表現の自由度で比べてみます。商業出版では著者の世界観を100％投影した作品をつくることは難しいといわざるを得ません。あくまでも売れるかどうかが作品をつくるうえでの判断基準なので、そのイニシアチブは出版社が握っています。これはベストセラー小説を何冊も書いているような、それこそ先生と呼ばれるような作家も例外ではなく、子どもの頃から書き溜めてきたエッセイを出したいと出版社に言ったらあえなく断られたというケースも結構あります。そのため、自分の書きたいものを書くためにあえて自費出版で本を出すことを選ぶ作家もいます。

それに対して自費出版では、自分の世界観をほぼ100％投影した作品をつくることが可能です。自費出版では売れるかどうかよりも自己実現が達成できるかどうかが作品をつくるうえでの判断基準で、そのイニシアチブは著者が握っています。そのため、著者の間口は非常に広く、例えば商業出版で企画が通らなかったような人でも、自費出版では自分の本を出せる可能性があります。

もちろん、どちらも出版社から刊行する以上、公序良俗に反するものは出版できません。具体的には極端に偏った政治思想や、社会的に問題視されている組織や団体を一方的に賛美するもの、あるいは殺人を正当化するようなもの、二次創作など他人の著作権を侵害するもの、暴露本など他人の名誉や権利を毀損するものなどです。こうした表現が含まれるものは、出版社側の判断で制作を断られる場合があります。

とはいえ、商業出版に比べれば自費出版のほうが出版できる可能性は高いです。公序良俗に反さない表現形態であれば、自分の作品を世に送り出すことができます。しかも、プロの編集者のアドバイスを受けられ、商業出版に劣らないおしゃれなカバー

（表紙の外側を覆うようにかけられている紙）などを手掛けることができます。何より、本を出したという事実を手に入れることができるのは大きな価値です。自費出版は誰でも作家デビューできる方法といえます。

本を作るうえで欠かせない「編集者」という存在

一方で、自費出版と商業出版には共通点もあります。それは、どちらも編集者が関わっているということです。

文章執筆というのは、自分自身と向き合い、心の奥底に深く潜っていく作業です。一人の作業が多い分、表現が独りよがりになりがちであり、他人からすると非常に読みにくく、著者の想いがまっすぐ伝わる文章ではない可能性があります。

そこで必要となってくるのが編集者という存在です。編集者の仕事は著者が書いた原稿を客観的に判断し、より読みやすい方向へと導くことです。最初の読者として編集者という本づくりのプロの目を通すことで、原稿はより優れたものへと磨かれていきます。

料理店で例えるなら、著者は料理人、編集者はシェフ、読者は客です。料理人が作った料理はそのまま客に提供されるのではなく、シェフが試食して最終チェックを行います。料理に関する知識や技術、センスを磨いたプロの舌を通して品質を担保しているのです。本づくりもそれと同じです。読者にお披露目する前に編集者の目を通すことが、品質の担保という点では大事なのです。

ただし客からすると品質が優れているのは当たり前です。シェフは品質を担保したうえで客に受けるかどうかという判断を下します。いくら料理人がおいしいと思っていても、客がおいしいと思うものでなければ商売は成り立ちません。もちろん客は一人ひとり好みが違いますし、味の感受性も違うので、すべての人のおいしさに対応することは不可能ですが、シェフは時代の流行や実際に食べた客の声などから総合的に判断して、素材や味付け、ボリューム、飾り付けなどを考えます。プロのチェックやアドバイスを経て、より磨かれた一皿が出来上がります。

本もそれと同じです。編集者は著者と読者をつなぐ仲介者のような立場です。著者が伝えたいことはしっかりと受け止め、そのうえで、より読者が興味をもって読める内容に磨き直していきます。この「著者の〝伝えたい〟を読者の〝知りたい〟に変える」作業は非常に繊細で、バランス感覚が必要です。手を加え過ぎて著者の想いが薄まってしまっては台無しですし、かといって遠慮し過ぎて読者に響かないものになってしまったら本末転倒だからです。

自費出版の著者にも商業出版の作家にも編集者が付きます。有名作家などは自分で自由に書いているように思いがちですが、先生と呼ばれるようなどんな巨匠にも必ず編集者が付きます。それどころか、一流と呼ばれる作家ほど編集者の存在価値をよく分かっているといいます。時には厳しい言葉で、あるいは励ましの言葉によって自らのポテンシャルを最大限引き出してくれるサポーターが編集者だからです。アーネスト・ヘミングウェイやF・スコット・フィッツジェラルドなどを世に送り出したマックスウェル・パーキンズなど、有名作家の陰に名編集者ありといわれるのはそのためです。

商業出版の門を狭める出版業界

商業出版は出版社側に100％権限がある出版方式だと先に説明しました。ということは、誰に執筆を依頼するかを決めるのも出版社次第ということになります。その門戸はもともと広くありませんでしたが、近年はますます狭くなっています。

理由は単純で、いわゆる出版不況だからです。書籍の推定販売金額の推移を見てみると、1996年の1兆931億円をピークに下降傾向にあり、2021年は6804億円と、1996年の半分近くまで減っています。なかでも文庫本の販売減が著しく、特に2014年以降は毎年約4％ダウンという厳しい状況が続いています。

出版不況だと、出版社は確実に売れる本しか出せなくなります。人気作家も例外ではなく、1冊目は売れたけれど、2冊目が売れなかったら3冊目はないという厳しい状況です。商業出版の作家の道はそれほど険しくなっています。

出版点数（本のタイトル別の点数）は2013年の8万2589タイトルをピークに減っているものの、販売額がピークだった1996年より2020年のほうが多く出版されています。これは作品一つひとつの売上が減っていることを意味します。

例えば2022年に最も売れた本は、和田秀樹氏の『80歳の壁』（幻冬舎）です。累計発行部数は53・5万部（2022年12月1日時点）と、今の状況からすれば十分立派な数字ですが、2002年、2004年、2006年に『ハリー・ポッター』シリーズ（静山社）の新刊が初版200万部超の規模で発売されたことを考えると、隔世の感を禁じ得ません。今では10万部売れればヒット、5万部なら御の字で、つまり大ヒットが生まれにくくなっているということです。

出版点数が昔より多いのなら、昔よりも多くの作家にチャンスがあるのではないかと考える人もいるかもしれません。しかし、大ヒットが生まれづらいということは、売れなかった本のマイナスを補いづらいということです。だから売れそうな作家にはオファーが集中して一人で何タイトルも出版する一方、売れそうにない作家にはチャ

図3 書籍推定販売金額

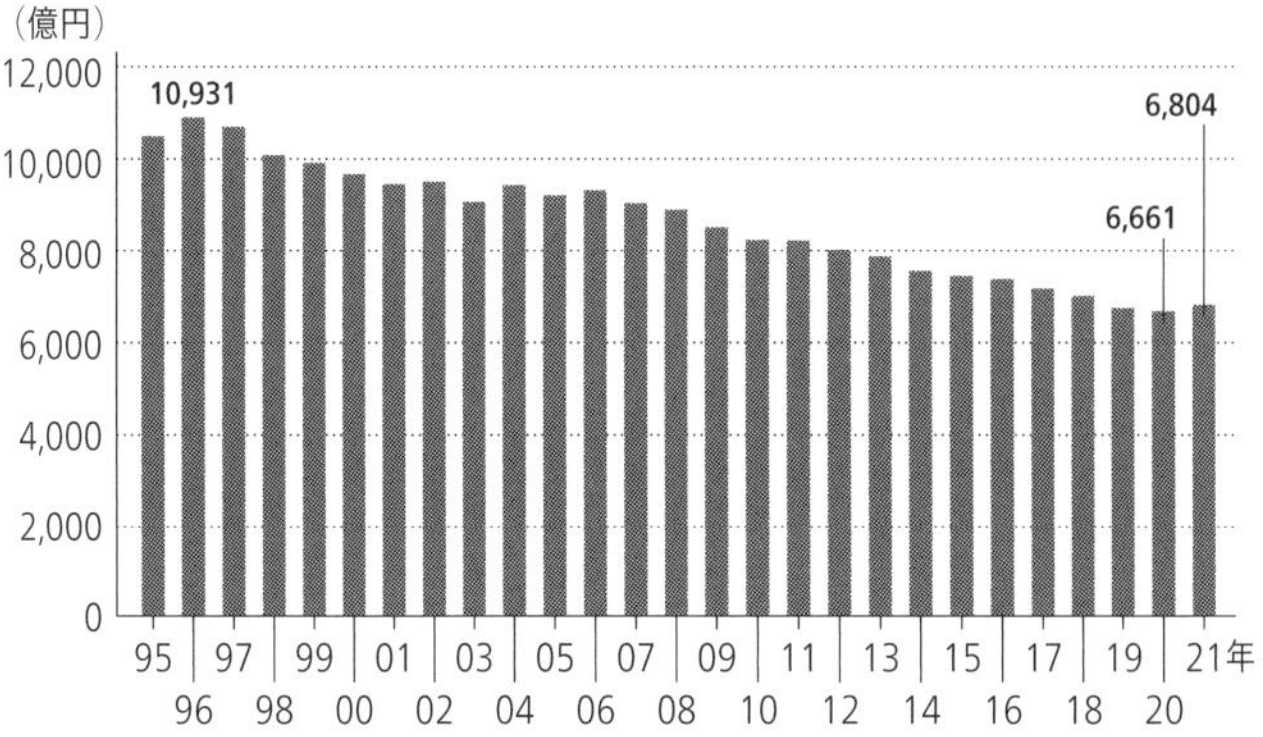

出典:『出版指標 年報 2022年版』

図4 文庫本推定販売金額

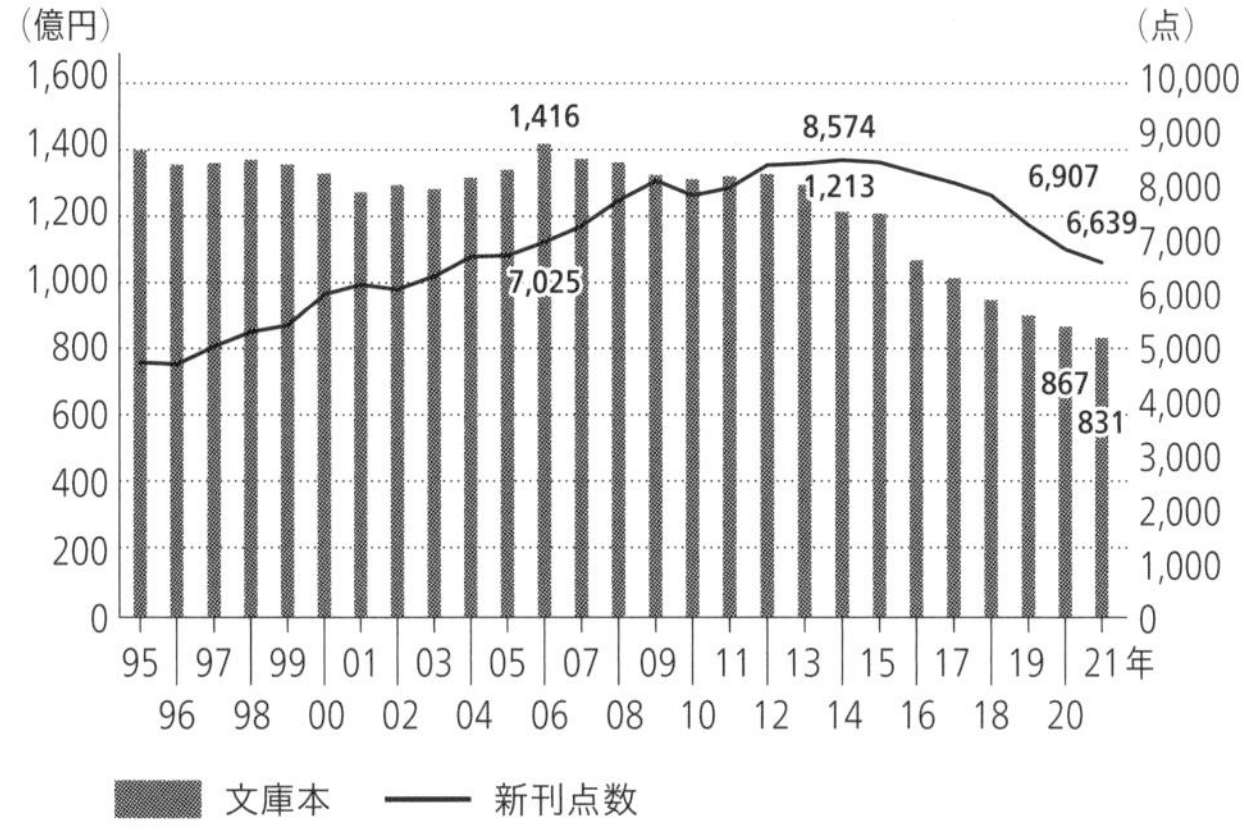

※取次ルート/出典:『出版指標 年報 2022年版』

図5 書籍出版点数

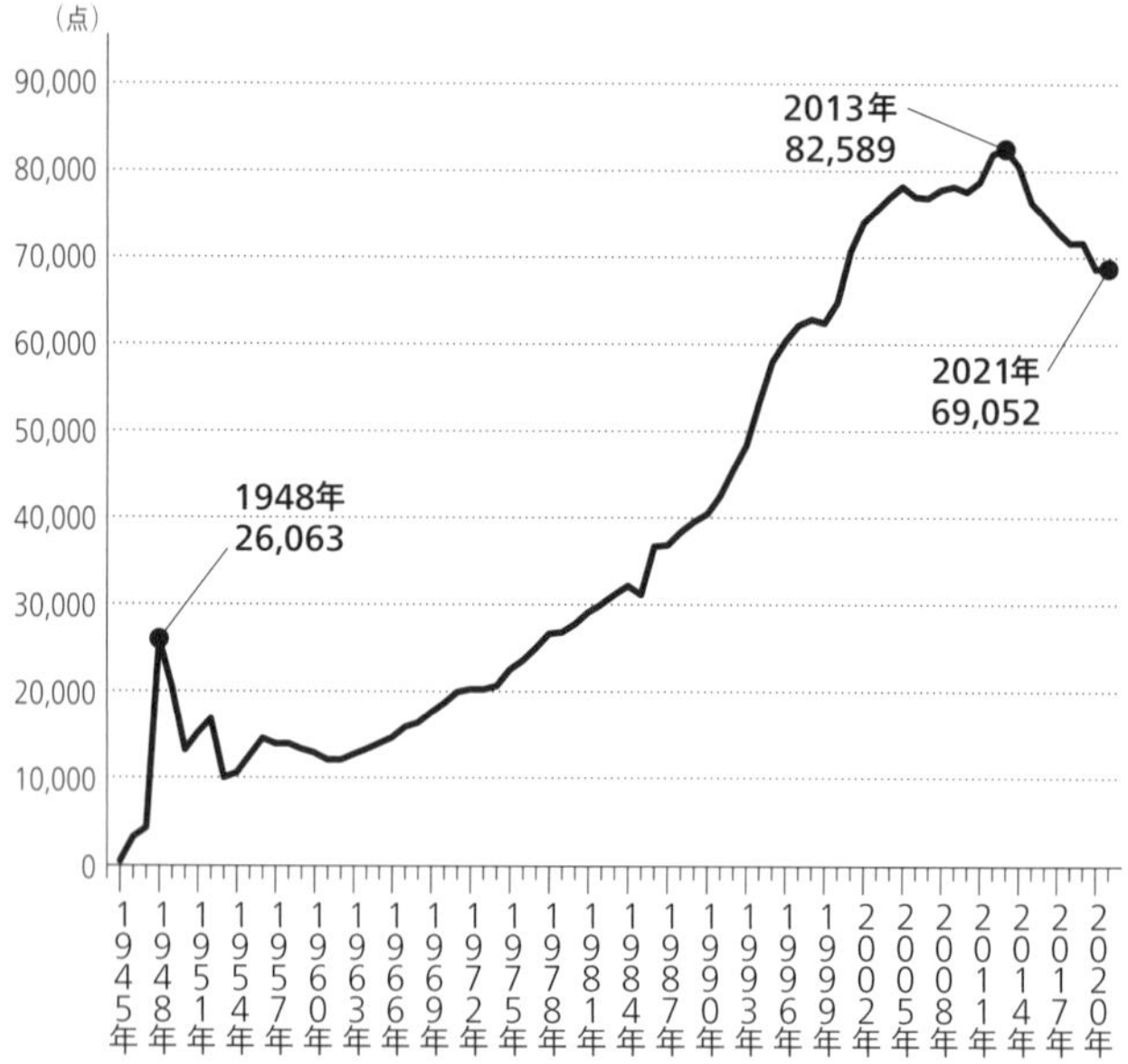

出典：『出版年鑑』（2015 年以降は「出版指標年報」）を基に作成

ンスがほとんど回ってこないという、二極化が進んでしまいます。しかも現在、売れそうかどうかは内容の面白さではなく、SNSで何十万人フォロワーがいるかといった固定ファンの数が基準になりがちです。固定ファンが多ければ一定の売上を見込めるからです。そうなると固定ファンの多いベストセラー作家か、話題のインフルエンサーにしか門戸が開かれないということになります。その傾向は特に小説のジャンルで顕著です。人気作家と呼ばれる人ですら、出せば出すほど赤字というのが現状です。

このような売れそうな人しか本を出せないという状態が続くと作品の多様性が失われ、意外性のある面白い本が出てこなくなります。どこかで読んだことがあるような内容の本や、見覚えのある作家の本だけが流通することになり、結果として大ヒットが生まれなくなり、出版社はますます手堅い作品しか出さなくなる――まさに悪循環です。

有名なあの本も実は自費出版

出版と聞いて、多くの人が真っ先に思い浮かべるのは商業出版です。現在において、本を出すなら商業出版が当たり前で、自費出版は邪道だというような風潮さえあります。しかし今も読み継がれる名作のなかには自費出版がたくさんあります。

例えば、1914年に出版された夏目漱石の『こころ』も実は自費出版です。『こころ』はもともと朝日新聞で連載していた小説です。漱石は当時すでにベストセラー作家でしたが、一介の古書店だった岩波書店を版元とし、自ら資金を工面して出版しました。以前から本の装丁やデザインに興味をもっていた漱石はこれはチャンスと、自分で表紙、箱、見返し、扉と呼ばれる表紙を開いて最初に現れるページなどのデザインを手掛けました。有名な中国・周時代の石鼓文の拓本をモチーフにした表紙も漱石が自ら選んだものです。

宮沢賢治は、第一作『春と修羅』だけでなく、童話集『注文の多い料理店』も

1924年に自費出版しました。賢治が生前に刊行した著作はこの2冊だけです。どちらも岩手県の農学校教員時代に出版されたものです。『注文の多い料理店』の初版は推定1000部で、重版はなかったそうです。この童話集はシリーズ全12巻の第1巻として発売されましたが、第2巻が作られることはなく、賢治は9年後に病没。商業出版として再販されたのは、死から10年以上経った1947年でした。

不朽の名作として知られる島崎藤村の『破戒』も自費出版です。1897年、25歳で『若菜集』を刊行し、ロマン主義の代表的詩人となった藤村は、しばらく長野県小諸で暮らします。やがて詩から小説へと進む決意をすると、『破戒』の原稿を持って東京へ戻り、困窮で子どもを相次いで亡くすなど厳しい状況下にもかかわらず、1906年に自費出版しました。被差別部落を題材にしたこの本は、刊行後すぐに大きな反響を呼びました。同じ頃に『坊っちゃん』を書き上げていた夏目漱石は「明治を代表する小説は『破戒』である」と絶賛しています。

また近年でも自費出版からベストセラーになった本はあります。例えば、山田悠介の『リアル鬼ごっこ』は、発行部数が累計200万部を超え、映画化やドラマ化もされた人気ホラー作品ですが、もともとは2001年に自費出版された作品でした。また、2007年に自費出版されたJamais Jamaisの『B型自分の説明書』は、血液型というポピュラーな話題から多くの人々の共感を呼び、他の血液型の説明書と合わせてシリーズ累計340万部を超える大ヒットになりました。

このように、自費出版のなかにも多くの人々に読まれる名作やベストセラーはあります。出版の本来の目的は、自分の表現を世の中に問うために自分で書物を印刷して販売配布することです。自費出版を邪道とするような今の風潮には首をかしげるほかありません。

自費出版の種類、出版社の種類

自費出版には大きく分けて法人が出すものと個人が出すものがあります。

いわゆる企業出版やカスタム出版、ブランディング出版と呼ばれるものは、主に法人が出す自費出版です。これは企業が売上を伸ばしたいとか、自分たちの商品やサー

図6 自費出版の種類

呼び方	目的
法人向け（企業出版、カスタム出版、ブランディング出版など）	企業の課題解決のために行う
個人向け（自費出版、個人出版など）	個人の表現のために行う

ビスを世の中に広めていきたいとか、消費者に好印象をもたれるブランドを構築したいといったビジネスのための手段として行われる出版です。ただし個人でも、自営業のブランディングや個人事業主としてのリターンを目的に企業出版を利用するケースはあります。

個人が出す自費出版は個人出版と呼ばれることがあります。文字どおり、個人が主体となる出版のことです。そのなかでも一般に流通させるものと、一般には流通させないものがあり、後者は私家版と呼ばれます。私家版の本には、出版社名も、書籍を流通させるのに必要なＩＳＢＮという番号も付帯しません。完全なプライベートブックです。

法人向けの自費出版と個人向けの自費出版とでは、主体が法人か個人かというだけでなく、制作費用や編集方針にも大きな違いがあります。

法人向けの自費出版はその法人の投資対象としての価値を高める目的の出版になるので、制作費用もそれ相応のものになります。編集方針も、読了後にその企業のサービスを買いたいとか話を聞きたいといった反応が返ってくることを第一義にするので、企画構成の段階から出版社の営業担当や編集者が密接に関わり、積極的に意見を出しながら中身を練り上げていきます。一方、個人向けの自費出版は基本的に個人を対象にするものなので、費用も企業出版に比べれば安価に抑えられる場合がほとんどです。編集方針も、著者の表現欲求をかなえることなので、なるべく著者の意向に寄り添い、出版してよかった、人生の証しを残せた、新しい道が拓けたなどの達成感を得られるようにすることを目的としています。

自費出版を請け負う事業者も、目的や予算に応じて分けることができます。

価格の安い順に、まずは「印刷会社系」です。以前は個人にとってハードルが高かった印刷会社ですが、近年、少ない部数から受注できる印刷会社が増えたり、オンライン受注サービスの普及で気軽に依頼できるようになったりしたことで、個人でも利用

図7 自費出版を行う事業者

1 印刷会社系	・主に私家版の制作 ・料金は安い（数万円～ 100 万円前後） ・原稿とカバーを持ち込むだけで手軽に作れる
2 自費出版専門会社系	・料金は少し高い（数十万円～ 150 万円） ・カバーデザインを選んだり、校正をしてもらったりはできる ・編集力や流通力は弱い
3 総合出版社系	・料金は比較的高い（200 万円台後半～ 300 万円台） ・多くのヒット作を生んできたノウハウを活用できる ・ただし本気な出版社とそうでない出版社がある

しやすくなりました。出版社ではないので出来上がった本を書店に流通させることはできませんが、原稿とカバーのデザインを持ち込めば、それを印刷して手軽に本を作ることができます。かつてカバーなどのデザインはプロでないと難しい作業でしたが、今では二次利用できる無料の画像素材や無料で使えるデザインツールやテンプレートがあるので、誰でもカバーづくりに挑戦できます。費用は印刷会社によって違いますが、だいたい100万円前後といわれます。ネット専門の会社であればもっと安く印刷してもらうことも可能です。ただし制作過程に編集者やデザイナーといったプロフェッショナルが介在しないため、どうしても手づくり感のある仕上がりになりがちです。良くいえば素朴、悪くいえば素人っぽく、見た目だけでなく内

容も同様です。内容に関するアドバイスはいっさい受けられません。完成原稿が出来上がっていて、仕上がりのクオリティを問わない場合などに向いています。

次に手軽なのは「自費出版専門会社系」です。印刷会社系よりカバーや本文のデザインが選べるなどの特徴があります。担当編集者が付くこともあります。それにより、料金は少し高くなります。追加料金によっては書店に流通させたり、電子書籍を作ったりすることも可能です。ただしその販売ネットワークは強くなく、なかには自費出版枠といった限られたルートでだけ流通させている会社もあります。

最後が「総合出版社系」で、これは大手出版社が自費出版も行っているというケースです。メリットは総合出版社のノウハウを利用できることです。その分制作費は他の事業者と比べて高くなりますが、多くのヒット作品を生み出してきた編集力や宣伝力、プロデューサー、デザイナー、校正者といったプロの力を存分に活用して1冊の本を作り上げ、全国の書店に張り巡らされた販売ネットワークに乗せて世に送り出します。ただし、総合出版社のなかには自費出版にあまり本腰を入れていない会社もあります。原稿のチェックといっても誤字脱字の修正にとどまり、具体的なアドバイスや提案はもらえなかったという話も聞きます。総合出版社系で自費出版を検討している人は、出版社のネームバリューだけでなく、サービス内容もしっかり検討することをおすすめします。

自費出版著者インタビュー❷

編集者と一緒だったから孤独な作業も楽しめた

タイトル『真実はワインの香りの中に』
阿部容子様

●自費出版を決意されたきっかけをお聞かせください。

2011年に始めたワイン教室が10周年を迎えたとき、幻冬舎ルネッサンスに原稿を持ち込みました。自信はなかったのですが、編集者が原稿をチェックしたうえで、「出版できるレベルの作品ですので、よろしければ本にしてみませんか？」とうれしい褒め言葉をくれたので、やってみようと思いました。せっかくのお話ですし、自分自身もワイン教室が10年も続くと思っていなかったので、記念の意味も込めてちゃんと取り組んでみようと思いました。

● 執筆中に大変だったことはありますか？

自分の思っていることを文章にして伝えるのは本当に難しいと感じました。

● ニュアンスを文字にすることの難しさを感じられたのですね。

文章にしたとき、「こう伝えたかったのに、読み手に伝わっていない」という経験もしました。小説教室などで執筆について学んだことはなかったので、相手にとって分かりやすい文章とは何かを考えさせられました。

●編集者とやりとりをしながら一緒に作り上げていったのでしょうか？

本当にそうですね。感謝しています。

●自費出版を機に変わったことはありますか？

ワイン教室で目の前にいる生徒さんに伝えていた言葉が本というかたちになったことで、小さなところから大きなところへ、自分の想いやワインのことを伝えられるようになりました。

本を出したことをきっかけに、ワインの雑誌やＷｅｂメディアに記事を書く機会をもらうようになり、「伝える場」に広がりができました。自分の想いを伝える相手がワイン教室の生徒さんだけでなく、より多くの方に伝えられるように変化したと思っています。

名刺代わりといってはなんですが、本があることによって新たな仕事や環境に身をおけたのだと思います。

●自費出版を迷っている方へメッセージをお願いします。

迷っているということは「やりたい」ということなので、まずは一歩踏み出して始めてみると、すごく良い結果に向かっていくのではないかと思います。もう一つ言いたいことは、ただ一人で本を出すのではなく、編集者のサポートを受けられるということです。一人で出版するのは難しいですし、締め切りなどがあることで作品はつくられていくと思うので、一歩踏み出すことをおすすめしたいと思います。

第3章

原稿はこうして「本」になる

～原稿執筆から入稿、校正、校了まで～

1冊の本が出来上がるまでの流れ

1冊の本は一朝一夕では出来上がりません。また、著者の独立独歩でもかたちになりません。本づくりはチーム戦です。編集者をはじめ、さまざまなプロセスで多くのプロフェッショナルが携わり、本としての完成形を目指します。私たち幻冬舎ルネッサンスを例に、自費出版がどのように行われているのか、その流れを見ていきます。

著者との最初の接点は「キックオフミーティング」です。キックオフミーティングは、出版側と著者側の初回の顔合わせで、著者の想いや要望をうかがい、出版のゴールを明確にするとともに、刊行に向けたスケジュールを立てます。次に行うのが「編集提案」という作業です。著者が書き上げた原稿を編集者が読み、表現として気になる点をまとめて提案します。著者は編集提案を基に改稿作業、いわゆる「書き直し」をします。改稿作業を経て、編集者が原稿の内容確認をして問題がなければ「組版」、つまり文字や写真、図版などの原稿を配置し、紙面を作り上げていく作業を行います。

図8 自費出版ができるまで

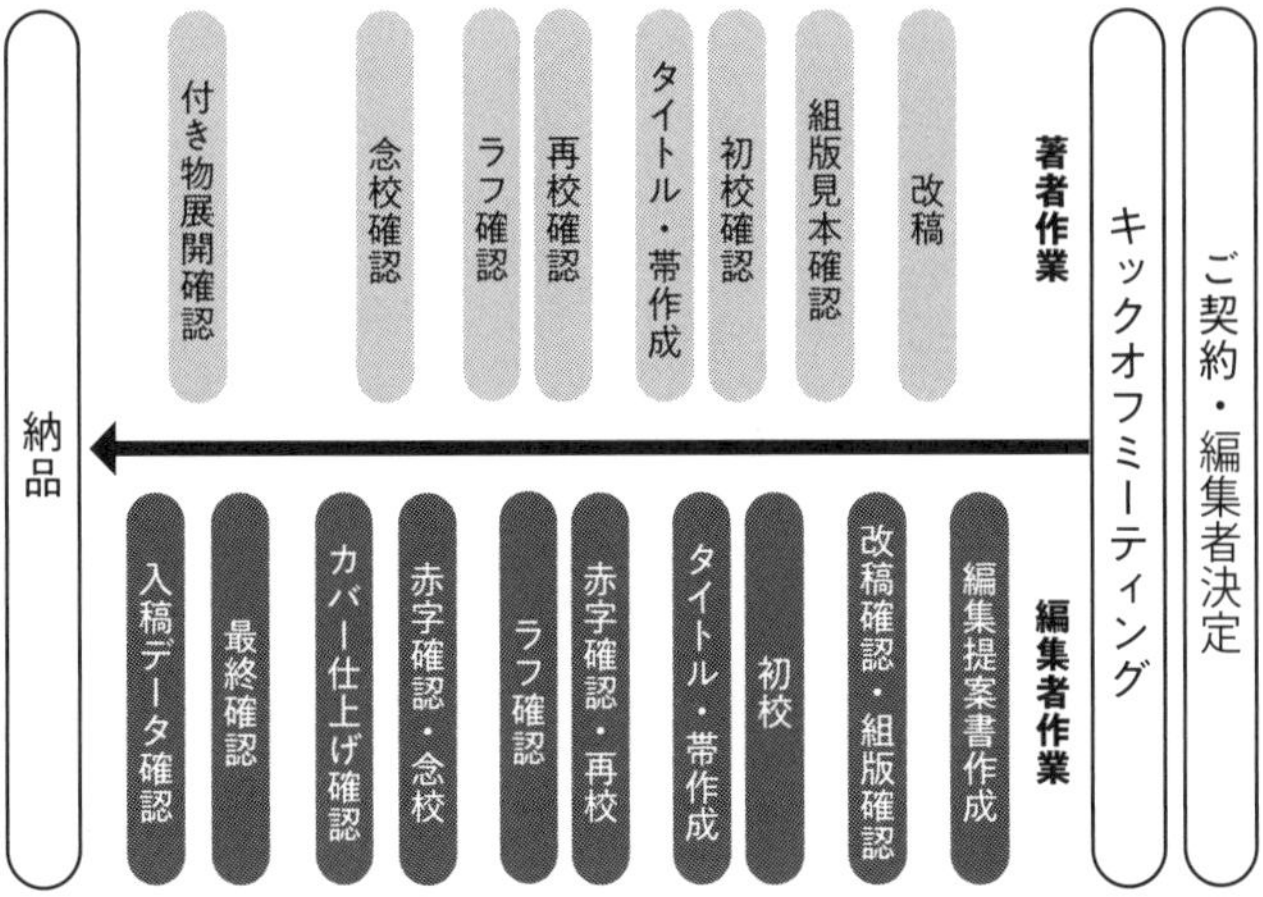

組版が行われた最初のものを「初校ゲラ」といいます。最初の校正を行うゲラなのでこう呼びます。私たちはこの段階で校正者に「校正」作業を依頼します。誤字脱字や日本語の間違い、表記の揺れなどを、プロにチェックしてもらうのです。

校正者がチェックを終えた段階で、初校ゲラが著者の手元に渡されます。内容で気になるところがあれば、この段階で直します。そして、著者から差し戻された初校ゲラの修正を反映して、編集者は「再校ゲラ」を作ります。再校ゲラで修正が指示どおりに行われているかを確認し、著者に最終確認をしてもらいます。そして、著者確認のあと、編集者がもう一度チェックして「校了」となります。

なお、付き物と呼ばれるカバーなどについては、本のタイトルと本のカバーに巻く帯の文言の提案を編集部から行い、著者と一緒にカバーデザインの方向性を詰めていきます。方向性が固まったら、デザイン局と協力してデザインを制作していきます。ラフ（下書き）を著者にも見せて、その方向性がＯＫなら完成を目指して制作を進めます。

平均的な制作期間は、著者から原稿を受け取ってから校了までの約8カ月間です。当然内容によって期間の長さは変わります。例えば、この8カ月という期間は一般的な10万字程度の書籍を想定していますが、50万字を超えるような大作になると校正作業だけで数倍の時間がかかります。また、掲載画像の許諾申請が必要だったり、著者の希望で外部の画家に装画を依頼したりといった場合もさらに時間がかかります。実際、完成まで1年以上かかった本もありました。

逆に平均より制作期間が短くなる場合もあります。例えば原稿がすでに完成していて、編集提案も改稿も必要ないという場合です。それでも最低6カ月程度はかかります。一般的に編集者は一人でいくつも案件を抱えていることが多く、カバーデザインや製版用の原稿である版下づくりにも時間が必要です。時期によっては印刷所が混み合うので、その順番待ちをする場合もあります。本づくりが一朝一夕にはできないといわれるのは、このような理由があるからです。

本づくりに携わるプロフェッショナルたち
――編集者、デザイナー、校正者、書店担当……

原稿を書くのは孤独な作業です。しかし、そこから出来上がりまでの過程には何人ものプロフェッショナルが携わり、出版というゴールに向かって全力でサポートしてくれます。

基本的には担当編集者1人が窓口になっているので、著者がデザイナーや校正者といった本づくりのプロフェッショナルたちの姿を直接見ることはありませんが、作業を進めていくうちにその存在に気づくはずです。本づくりはチームで行うもので、私たちは著者と一緒に戦う仲間です。

著者と編集者のファーストコンタクト「編集提案」

著者と編集者が本格的に中身の検討に入るのが「編集提案」です。事前に受け取った著者からの原稿をもとに、出版に向けて修正の方向性などを決めます。

内容をかいつまんで説明すると、まず編集者が作品全体の感想を述べます。ここが良いところだとか、こういうところが特徴といった、客観的に見て優れた点を指摘します。厳しく批評されるのではないかと不安に思うかもしれませんが心配無用です。自費出版はあくまでも著者の自己表現をかなえる場なので、編集者が一方的にダメ出しをすることはありません。

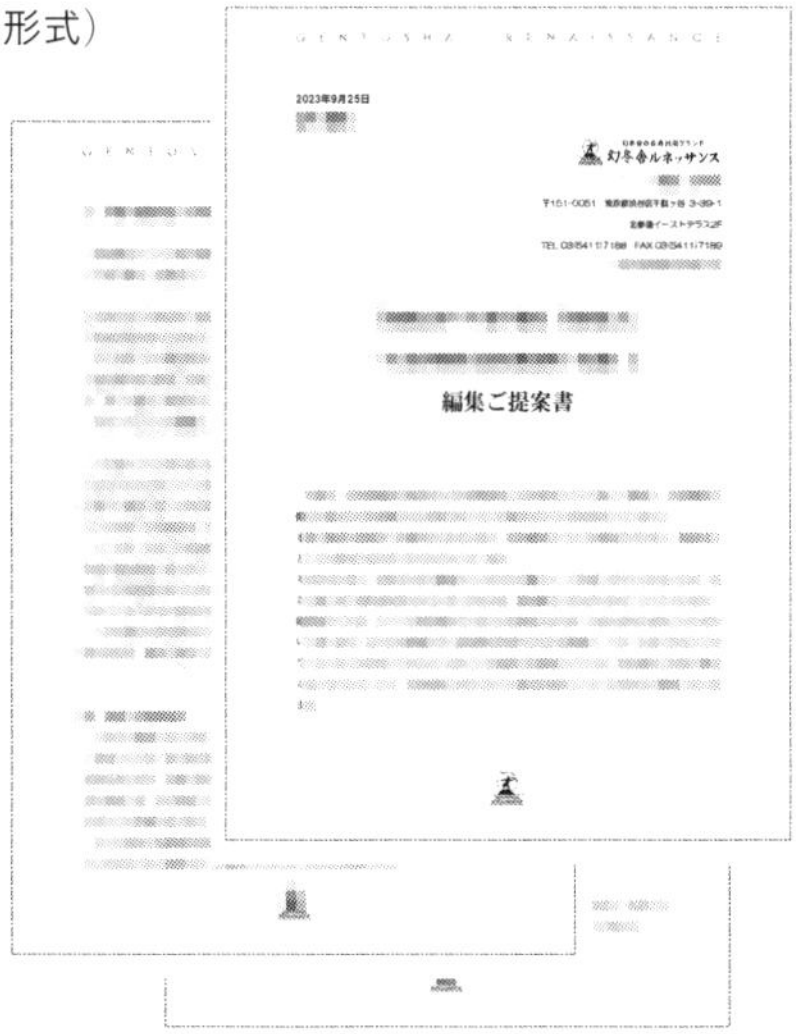

図9 編集提案書（レポート形式）

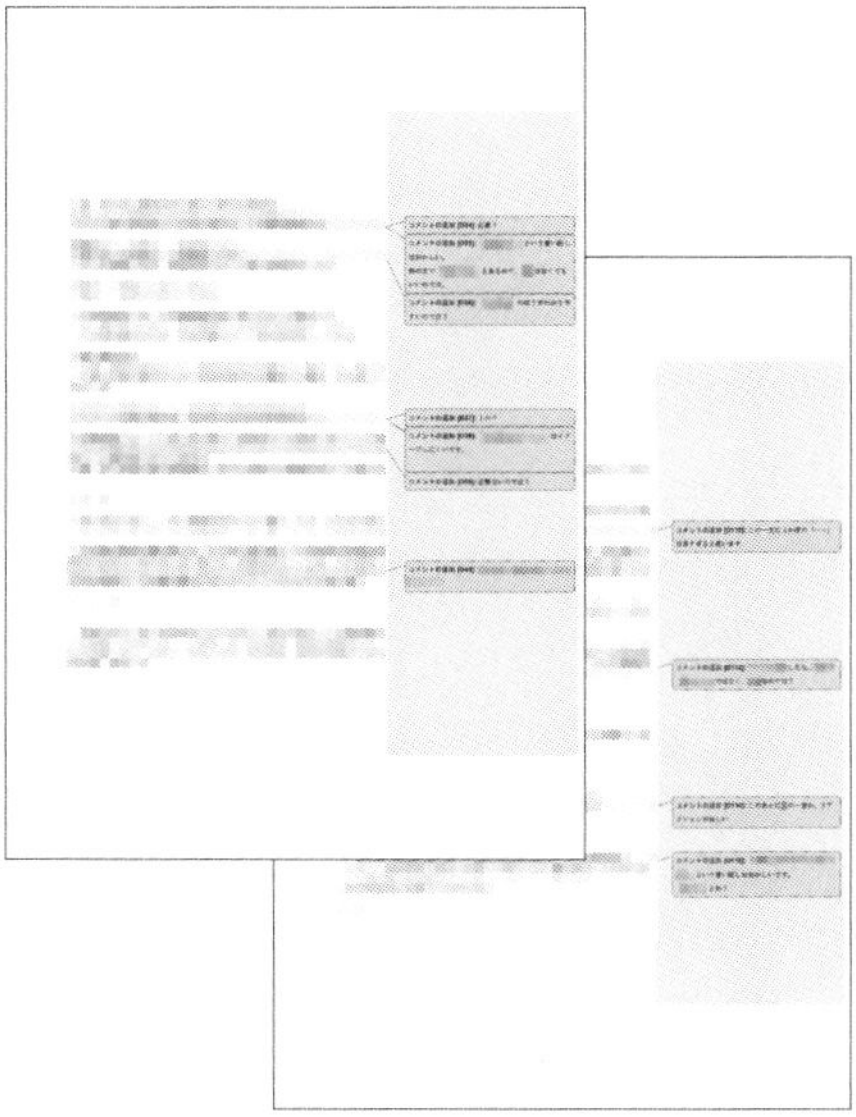

図10 編集提案書（コメント形式）

ただし、自費出版といっても書店に流通させ多くの人に読んでもらうことを前提としていますから、より良くするための改善点を指摘します。例えば、ストーリー展開が少し突飛だから構成を見直したほうがいいとか、第2章だけ他の章に比べて長いので2つに分けたらどうかといった提案です。また、著作権等の侵害や誹謗中傷にあたる表現がないかもチェックします。すべては作品の完成度を高めるためです。そうした内容を、基本的にはA4用紙5~10枚にまとめて提案し、著者はこのレポートを参考に改稿作業を行います。

レポート形式では書き直すのが難しそうな原稿や、一字一句具体的に指摘してほしいという契約時の希望がある場合は、レポートに加えて、原稿に直接赤字を入れる形式もあります。具体的には著者のWord原稿のコメント機能などを使って指摘します。赤字は原稿の課題点を端的に指摘し、著者に正しく理解してもらうことが目的なので、「この文章は不要では?」というように多少辛口な指摘になることもあります。口当たりがいいだけの日和見的な提案はむしろ無責任だと考えており、摩擦を恐れない本気の提案を心掛けています。

編集者は原稿のどこを見ているのか

編集者は、最初のキックオフミーティングでヒアリングをしたターゲット読者や、本のゴールを常に意識しています。例えば今後小説家としてやっていきたいという人に対しては、やはり読者が面白いと思うかどうかを第一に考えますし、実用書であれば分かりやすいかどうかが大きなポイントになります。自分の人生や家族の思い出を記録に残したいという著者の場合は、なるべく元の原稿を尊重しつつ、その人らしさが出ているかを見ます。要は著者に応じて見るところが変わるのです。

編集者に必要な資格はありません。校正の資格を取得している編集者も何人かいますが、どうしても欠かせないものではありません。大事なのは、いろいろな案件のやり方を日々勉強するということです。幸い私たちにはたくさんの編集案件があり、ジャンルの偏りもなく、バラエティーに富んでいます。そうした現場を数多く踏むことでさまざまなエッセンスを吸収し、個々の編集案件に活かしていくことができます。また、編集部内での事例の共有も徹底していますので、全員が日々スキルアップしています。

大前提として、自費出版は著者本人の表現欲求をかなえることを目的とした手法ですが、私たちは、著者の要望をそのまま反映するだけの受け身の編集者であってはならないと考えています。著者の想いをより良く表現するために、時として著者本人が思い描くものとは別の切り口からのアプローチを提案することもあります。

読者に届ける書籍タイトルの工夫

作り上げた本にいいタイトルを付ける確実な方法があれば、私たちもぜひ知りたいぐらいです。それくらいタイトルを付けるのは難しく、編集者にとっては永遠の課題です。

意外に思われるかもしれませんが、自費出版においては著者が自ら付けるタイトルが秀逸な場合が多いです。それだけ想いが強いからだと考えられます。もちろん、タ

図11 2022年 年間ベストセラー

順位	タイトル	著者	出版社
1	80歳の壁	和田秀樹	幻冬舎
2	人は話し方が9割	永松茂久	すばる舎
3	ジェイソン流お金の増やし方	厚切りジェイソン	ぴあ
4	20代で得た知見	F	KADOKAWA
5	同志少女よ、敵を撃て	逢坂冬馬	早川書房
6	メシアの法	大川隆法	幸福の科学出版
7	898ぴきせいぞろい! ポケモン大図鑑(上・下)	—	小学館
8	70歳が老化の分かれ道	和田秀樹	詩想社
9	本当の自由を手に入れる お金の大学	両@リベ大学長	朝日新聞出版
10	私が見た未来　完全版	たつき諒	飛鳥新社

集計期間:2021年11月22日~2022年11月21日
出典:「2022年 年間ベストセラー」(日販調べ)

イトル未定という案件も時々ありますので、そういった場合は最初にうかがう読者のターゲットや出版目的などを踏まえて、類書も見ながら一緒に考えます。

コツというほどではありませんが、実用書だとターゲットを絞り込んだタイトルのほうが読者に刺さりやすい傾向があります。例えば「中高年の皆さまへ」とするより「40代へ」としたほうが訴求力が上がりますし、さらにいえば「45歳の~」というようにピンポイントな年齢にしたほうが、読者の心にズバッと突き刺さります。実際、そんな提案をすることもあります。

長さについては、ライトノベルは別として、なるべく短めなほうがよいです。読者の心に刺さるキャッチーなフレーズが理想です。参考までに、2022年の書籍売上ランキングベスト10のタイトルを並べます。


編集者がよく参考にするのは映画や音楽のタイトルです。日頃から気になるタイトルを見かけたらメモをするなどして、アイデアをストックしています。

特に映画のポスターは、タイトルとビジュアル、キャッチコピーが入っていて、本の表紙に似たところがあります。どちらもターゲットとなる客に訴求するために作られるものですし、価格帯も近いところがありますから、参考になる点が非常に多いです。書籍以外のコンテンツに目を向けることは、時代の流行をキャッチできるとともに、本の内容に関するアイデアも得ることができます。本を出そうという人は常日頃からアンテナを張って、世の中のあらゆることに目を向けてほしいと思います。

読者の購買動機を左右する「帯」

端的にいうと、帯は本の広告です。著者にはいつも、お菓子のパッケージによくある「とまらないおいしさ！」や映画のポスターに書いてある「全米が泣いた！」といった広告文だと説明しています。

基本的には編集部で考えますが、著者のなかには「帯にこういう文言を入れてほしい」とか、「こういう帯にしたい」といった自分の考えがある人もいるので、その希望をできるだけ取り入れたかたちで提案します。ただし本文とは違い、帯はあくまでも本を売るための広告です。最終的には編集部の判断で制作することになります。

一般の読者にとってはあまり気にならない存在かもしれませんが、編集者からすると帯は非常に重要なアイテムです。〝表紙買い〟ならぬ〝帯買い〟、つまりそれだけで購入の決め手になるような帯を作りたいと常に考えています。帯に注目が集まれば、本の認知度が上がることにもつながるからです。

それほど重要なものなので、簡単には決められません。これぞというフレーズが思いつくまで1カ月ぐらいかかることもあります。時には天から降ってきたかのようにひらめくこともありますが、通常は初校段階で「この本はこの帯かな」となんとなく考えて、少しずつかたちにしていくようにしています。

見やすさ、読みやすさを追求するＤＴＰ組版

ＤＴＰとは、desktop publishing（デスクトップ・パブリッシング）の略で、パソコン上で印刷物のデータを制作することです。

ＤＴＰが登場する前のアナログ製版の頃は、デザイナーが作ったデザインにしたがって、写真や原稿を基に版下を作り、さらにそれを印刷会社が版に起こして紙に印刷するなど多くの人が手作業で行っていました。しかし、日本では１９８０年代にＤＴＰが登場し、組版作業をすべてパソコン上で、しかも一人で行えるようになり

ました。

ちなみにＤＴＰで刷りだした印刷用のレイアウトをゲラといいます。ゲラの語源は、古代ローマや中世の地中海で使われたガレー（galley）船です。印刷技術が今よりも古かった時代は、浅い木箱の中に鉛製の活字を一文字一文字組み合わせて版を作っていました。その組版を入れておく木箱がガレー船に似ていたことが転じて、確認用に印刷したものをゲラと呼ぶようになったといわれています。ＤＴＰが普及した今も、ゲラという用語は変わらずに使われています。

ＤＴＰで作ったゲラを著者が最初に確認するのは、初校のときです。ＤＴＰでいくつか見本を作り、例えば1ページに15行入れたものと16行入れたものを比較検討してもらうなどします。たかが1行ですが、ＤＴＰで作ったものを見ると思ったよりも違いがあると驚かれます。

本文については、基本的には読みやすさを前提に文字の大きさや行数を決めます。さらに、作品の世界観に合わせて小見出しデザインを入れたり、余白に装飾を加えたりという工夫も行います。どのようなレイアウトにするか作品ごとに考えますが、読

図12 詰めた組み方

『編集長を夢見て』


　大学を卒業した花子は、その夢を追い求めて創業100周年を迎える大手出版社に入社した。初めて訪れた編集部は、活気に満ちた雰囲気が漂っていた。書棚には無数の本が並び、机の上には原稿や校正用の鉛筆が散らばっていた。原稿のチェックや修正、著者との打ち合わせ、すべてが新鮮で刺激的だった。

「本日、入社した山田花子です……。よろしくお願いいたします」

「俺は入社12年目の上島太郎。よろしくね！　編集長が山田さんのことを『大型新人が入社してきた』って、言ってたよ」

　それから5年が経ち、花子は大きなプロジェクトの責任者に抜擢された。それは、注目の新人作家のデビュー作を手掛けるという大役だった。彼女は喜びと不安が入り混じった心境で原稿を手に取った。その作品は、若さと情熱に溢れていた。花子は作家との打ち合わせを重ねながら、編集作業に取り組んでいった。

　彼女は自身の経験と感性を駆使し、作品を磨き上げていった。それは大変な努力を要したが、同時に充実感と達成感も与えてくれた。そして、長い道のりを経てついに作品は出版された。書店に並ぶその姿を見た花子は、胸がいっぱいになった。自分の手で育て上げた作品が読者の手に

図13 緩い組み方

『編集長を夢見て』


大学を卒業した花子は、その夢を追い求めて創業100周年を迎える大手出版社に入社した。初めて訪れた編集部は、活気に満ちた雰囲気が漂っていた。書棚には無数の本が並び、机の上には原稿や校正用の鉛筆が散らばっていた。原稿のチェックや修正、著者との打ち合わせ、すべてが新鮮で刺激的だった。

「本日、入社した山田花子です……。よろしくお願いいたします」

「俺は入社12年目の上島太郎。よろしくね！　編集長が山田さんのことを『大型新人が入社してきた』って、言ってたよ」

それから5年が経ち、花子は大きなプロジェクトの責任者に抜擢された。それは、注目の新人作家のデビュー作を手掛けるという大役だった。彼女は喜びと不安が入り混じった心境で原稿を手に取った。その作品は、若さと情熱に溢れていた。花子は作家との打ち合わせを重ねながら、編集作業に取り組んでいった。

者ターゲットによって文字を敷き詰めたり、反対に行間を広くとったりすることもあります。例えば、想定する読者層が高齢者であれば、読みやすいように少し緩く文字を組みます。

ＤＴＰは実物に近いかたちでイメージを共有できるので、著者と編集者の意見の違いを解消することにも役立ちます。例えばゲラになる前の段階で、シニアの著者から「もっと文字を大きくしたい」というリクエストを何度か受けることがありますが、編集者は経験上、実際に本にしたときにどうなるかが分かるので、さらに大きくするのはおすすめできない場合があります。そんなとき、ＤＴＰで作ったゲラを印刷したものを著者と一緒に確認することで、お互いに納得して文字の大きさを決めることができます。

校閲・校正のリアル

書籍の制作工程の終盤には校閲・校正という作業があります。

2016年に日本テレビ系で放映された石原さとみさん主演のテレビドラマ「地味にスゴイ！ 校閲ガール・河野悦子」は、校閲が広く知られるきっかけになりました。しかし、校閲とは別に校正というものがあることや、その違いについて正しく知っている人は少ないと思います。

まず校閲についてですが、大辞泉では〈文書や原稿などの誤りや不備な点を調べ、検討し、訂正したり校正したりすること〉と定義されています。ここでいう誤り、不備とは、事実の誤認や、社会通念に照らした際に不適切と判断される記述のことをいいます。例えば次のような情報が校閲の対象となります。

・人物の出生地や生年、没年
・著者名、作品名、出版社名、刊行年月日
・大会などのイベントの参加人数

つまり、その文章の正確性や良識を担保するための作業です。どんなに文章がうまく、伝えたい内容がすばらしかったとしても、事実関係が間違っていたり、公序良俗に反したりする内容が含まれていたら一般読者から信頼されません。

一方、校正は大辞泉で〈印刷物の仮刷りと原稿を照合し、誤植や体裁の誤りを正すこと〉とされています。定義を見るだけでも、校閲と校正では視点が異なることが分かります。校閲における正しさの基準は客観的事実や社会通念など、いわば文章の外側にあります。ところが校正は、制作の過程で生じた誤りを直すという意味で、文章の内側に正しさの基準がおかれています。言い換えれば著者のこだわりが最優先されるということです。

私たちの自費出版では主に校正を用いています。もちろん最低限の日本語表現や誤字脱字のチェックは行いますが、あまり厳しくはしません。特に詩やエッセイなど、著者の心象風景を描いたり、日常を独自のタッチでつづったりする作品は、新聞社のような杓子定規な文章にすると持ち味が失われてしまうからです。社会の木鐸ともいわれるように、世の中に正しい情報を伝える機能をもつ新聞であればそれでいいのですが、作者の心象を映した文芸作品にはナンセンスです。そうした柔軟な視点で著者

図14 校正サンプル

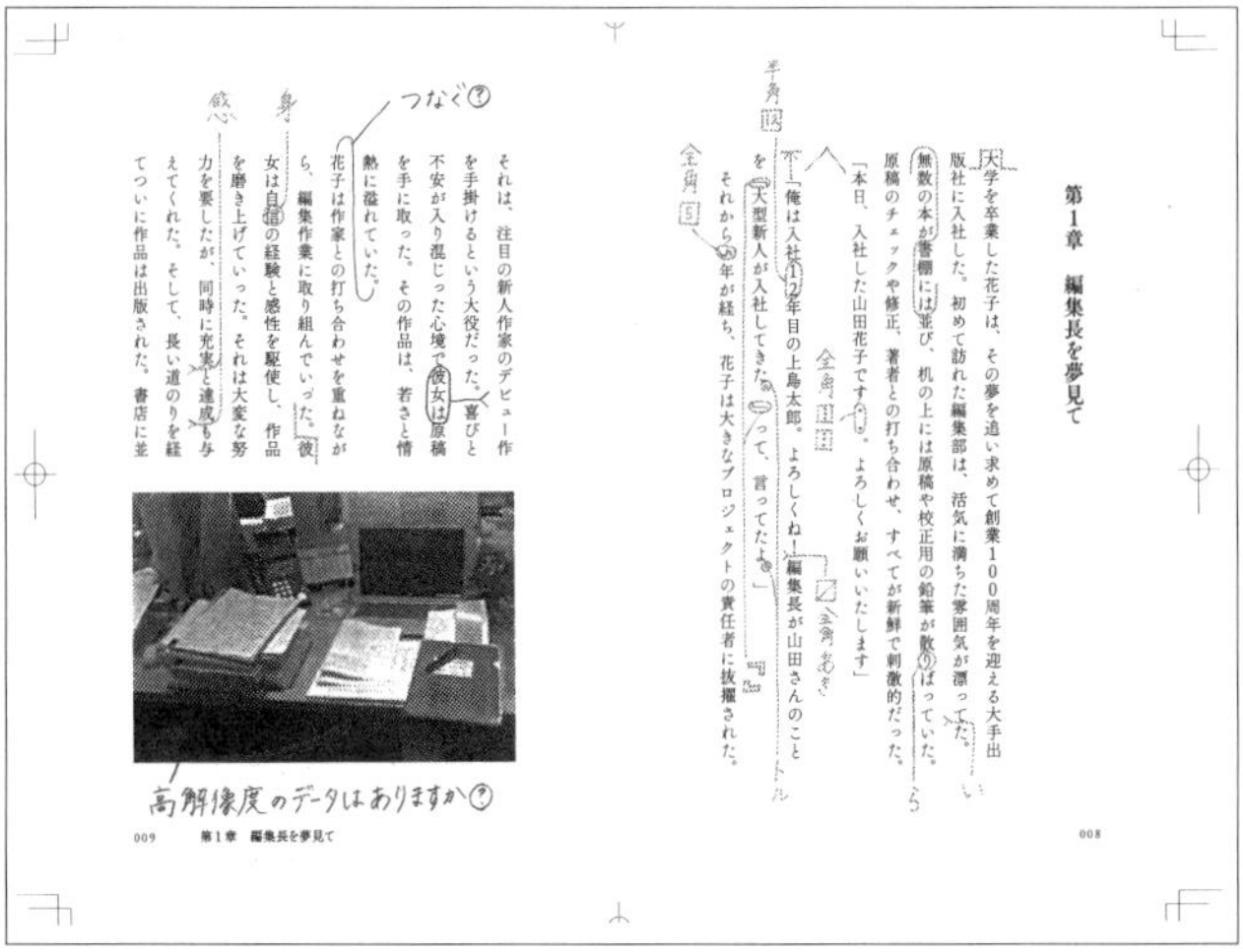
第1章　編集長を夢見て

大学を卒業した花子は、その夢を追い求めて創業100周年を迎える大手出版社に入社した。初めて訪れた編集部は、活気に満ちた雰囲気が漂ってた。無数の本が書棚には並び、机の上には原稿や校正用の鉛筆が散りばっていた。原稿のチェックや修正、著者との打ち合わせ、すべてが新鮮で刺激的だった。

「本日、入社した山田花子です・・。よろしくお願いいたします」

「俺は入社12年目の上島太郎。よろしくね！編集長が山田さんのことを大型新人が入社してきたって、言ってたよ」

それから5年が経ち、花子は大きなプロジェクトの責任者に抜擢された。

008

それは、注目の新人作家のデビュー作を手掛けるという大役だった。喜びと不安が入り混じった心境で彼女は原稿を手に取った。その作品は、若さと情熱に溢れていた。

花子は作家との打ち合わせを重ねながら、編集作業に取り組んでいった。彼女は自信の経験と感性を駆使し、作品を磨き上げていった。それは大変な努力を要したが、同時に充実と達成も与えてくれた。そして、長い道のりを経てついに作品は出版された。書店に並

009　第1章　編集長を夢見て

の表現を守るのが校正という作業です。

私たちは、初校ゲラを出してからプロの校正者に依頼します。最初の編集提案で編集者が原稿の誤字脱字などをチェックしていますが、完璧に見抜くのは難しいからです。また、編集者は著者と近く、作品にも思い入れがあります。そうしたしがらみのない第三者の目で、客観的かつ冷静に見てもらうことが重要だからです。

表記の統一に関しても、新聞や雑誌、商業出版だと各社の基準（いわゆるトンマナ、トーン&マナー）があり、それに合わせることが多いのですが、自費出版

の場合は著者の原稿に合わせるのが基本です。例えば「分かる」という言葉一つでも、漢字にこだわる人もいれば、ひらがなにしたいという人もいます。校正者には、著者のこだわりに対して原稿内に表記揺れがあれば統一するようにと指示しています。

―書籍の校了日―

校了というのはすべての校正作業を終了することです。再校の修正が、最終稿である念校に間違いなく反映されていることを確認し、最終データを印刷所に送ります。あとは無事に本が出来上がってくるのを待つだけです。編集者としては、旅に出る友を見送るようなイメージです。

しかし、著者にとってはすんなりいかないのが校了です。最終チェックはしたけれど、改めて見直したら「やっぱりここも変えたい」という部分が出てきがちだからです。表現は終わりのない作業であるがゆえに、より良いものにしたいという想いとどこで折り合いをつけるのか難しいところです。

私たちの自費出版においては再校が最終確認のタイミングです。本来、内容の変更は初校で済ませてもらっているはずなので、再校は最終確認という前提なのですが、もしどうしてもという部分があれば相談することは可能です。そして、この原稿で問題ないと確認したうえで、編集者に戻してもらって校了です。

出版社としては、本のかたちになって世の中に出ていく姿をぜひ一緒に見送りたいと思っています。そのためには、あとから修正したい部分が出てくることもあるかもしれませんが、どんなに思い入れのある作品でも、最後は覚悟を決めて印刷所に送り出すことが大事です。

第4章

書籍を世に生み出す

~カバーづくりから紙選び、印刷・製本まで~

プロが手掛ける
カバーデザインの世界

本のカバーや表紙は、中身を守るためだけのものではありません。読者との最初のタッチポイント、コミュニケーションポイントとなる存在です。カバーが購入の決め手になることもあります。人間でいえば顔に相当する重要な部分を考える作業が、カバーデザインです。

一般的な出版社では、社内のデザイン部署でカバーデザインを作る場合と、外注先に委託する場合に分かれます。前者である私たちは、カバーや中面のデザインを専門に手掛けるデザイン局を設け、そこに所属するアートディレクターが案件の担当編集者とタッグを組んで制作にあたっています。

さらに細かくいうと、アートディレクターを束ねるチーフディレクターがおり、俯瞰的な立場でデザインをチェックします。具体的には、デザインの方向性に間違いがないか、品質が基準を満たしているかなどが確認事項です。

もちろん自費出版は個人の表現欲求をかなえるのが基本なので、カバーデザインにおいても著者の意見は最大限尊重します。しかし、なかには「本の内容がこうだから、こんな表紙がいいだろう」と著者が思い描くイメージが世間一般のイメージと異なることがあります。著者の主観だけで作ると届けたい読者の目に留まらなくなる場合もあるので、そうならないよう調整する作業が必要になり、それを行うのがディレクターの仕事です。

まず行うのは担当編集者との打ち合わせです。作品のテーマや想い、この本を届けたい相手などを担当編集者からヒアリングします。

ディレクターは編集者との打ち合わせを受けて、クリエイターの選定を行います。私たちのデータベースにはデザイナー、イラストレーター、フォトグラファーなど多くのクリエイターが登録されており、そのなかから作品の世界観と合ったクリエイターを選出します。

デザインの制作過程においては、このディレクターとクリエイターがイメージを共有することが何より重要です。あいまいな表現だとイメージにずれが生じてしまうため、打ち合わせで書籍の中身を詳しく伝え、モチーフの希望などを具体化し、仕様書というかたちで文章化します。ディレクターによっては、編集者との打ち合わせ時に描いたビジュアルや類書のリストなども提出します。このように何度もやりとりを重ねて、イメージの共有度合いを深めることで、完成のイメージをつくり上げていくのです。

厚い紙？ 軽い紙？
作品にベストな紙を選択する

紙にはいろいろな種類があります。印刷用紙に限っても、紙の表面に発色効果を高める塗料を塗った塗工紙、表面加工をせず本来の紙の風合いをもたせた非塗工紙、模様や色が豊かな特殊印刷用紙などがあります。塗工紙は塗料の厚さによって、アート紙、コート紙、軽量コート紙、微塗工紙などに分類されます。さらに質感によって、光沢のあるグロス紙、ざらりとしたマット紙などがあります。

書籍の用途に絞ると、中身の本文をモノクロ印刷する場合は非塗工紙、写真やイラストなどのビジュアル要素が多いものやカバーなどは塗工紙が一般的に用いられます。見返しや帯などには特殊印刷用紙が用いられることもあります。書籍は読みやすさと耐久性が大事なので、色が乗りやすく、丈夫な紙が前提になります。

そのうえで作品の世界観に応じて使う紙を選びます。例えばカバーの場合、古典文学に関するものや歴史にちなんだ作品であれば和紙のような質感の紙、実用書などであればスタイリッシュな印象を与える、ツルツルな質感のグロス紙といった具合です。

帯の部分の紙質で工夫を凝らすこともあります。私たちが出版した作品に水商売の女性をテーマにした小説があるのですが、書籍に登場する女性たちの透けた素材の衣服とリンクするよう、半透明のトレーシングペーパーを使って帯を作りました。本文用紙は読みやすさが第一なので基本的に特別なことはしませんが、紙の色の白さに変化をつけることはあります。例えば、普通の小説であれば目に優しいクリーム色が多いですし、作品全体のイメージに合わせて真っ白に近い紙を選ぶこともあります。も

図15 印刷用紙見本帳

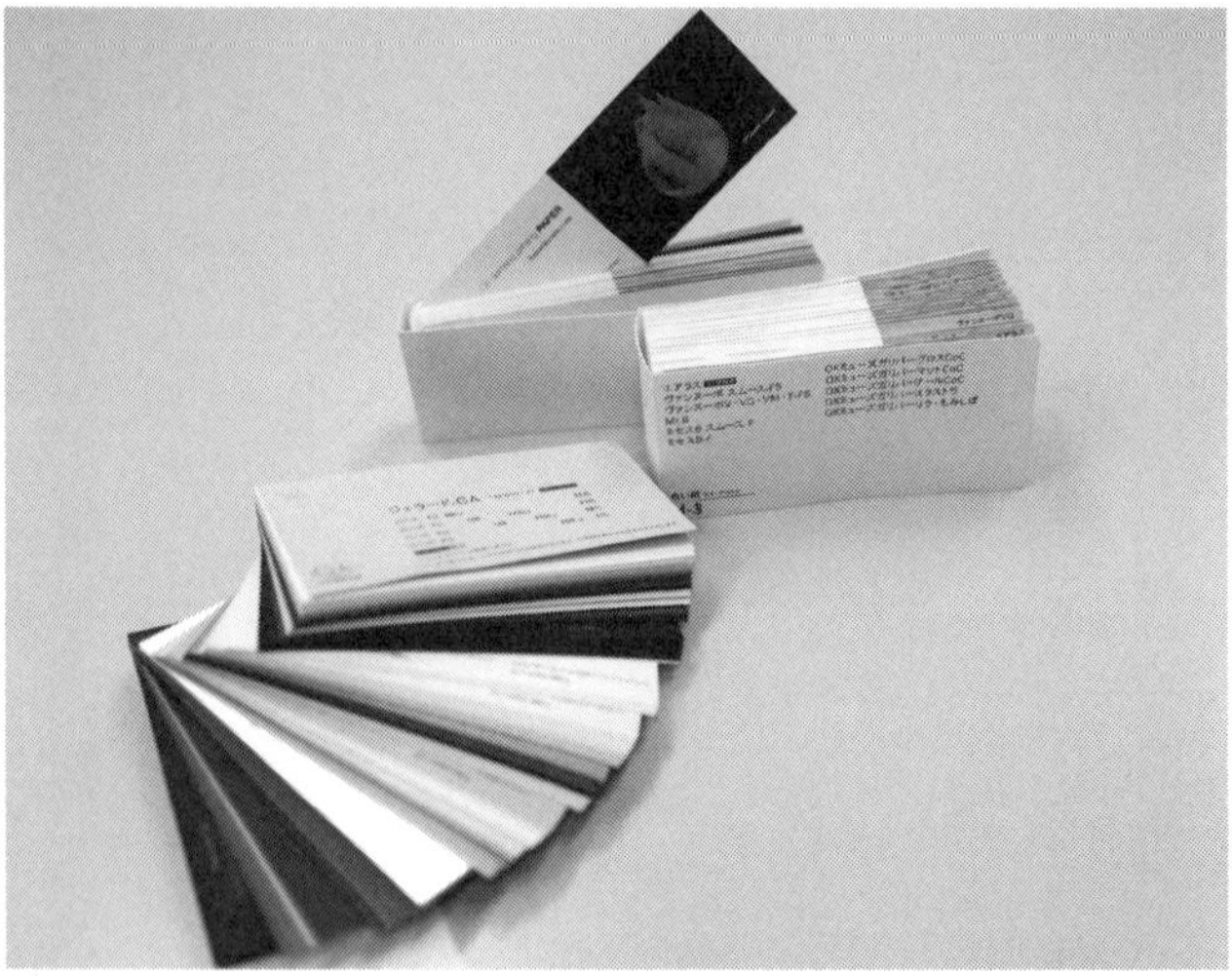

ちろん、作品の世界観によっては紙の質感そのものを変えるのも選択肢の一つです。

紙によって値段も変わりますので、どんな紙でも自由に選べるわけではありません。私たちの場合、最初の打ち合わせで著者の意向をヒアリングし、それに見合った紙で一般的な価格のものを選択、提案して予算を組みます。もっとこだわりたい、高級な紙を使いたいという場合は追加費用をもらうことで対応可能です。例えば箔押しという立体的な金色の文字を使ったり、漆塗りを表現するために黒光りする特殊な加工を施したりしたこともあります。

厚さや軽さは基本的に選んだ紙によって変わりますが、ページ数などによって意図的に変えることもあります。例えば、ページ数が多い場合は本が厚くなって重くなり過ぎないようにあえて薄い紙を使ったり、逆にページ数の少ない詩集や写真集などは存在感を出すために厚い紙を使ったりします。

著者の自己表現欲求を最大限に満たすうえで、紙選びは重要になってきますので、さまざまな選択肢をもつ出版社をおすすめします。本は直接見て、手に取ることができる実体のあるものです。紙の違いも表現手段の一つだと私たちは考えています。

令和時代の印刷事情
主流はオフセット印刷

印刷は印刷会社が行います。印刷と一口にいっても、具体的な工程は製版、印刷、印刷加工、製本と多岐にわたります。一部の大手印刷会社はこれらの作業を自社内で一貫して行っていますが、大手以外はそれぞれの専門企業が連携して対応するケースが一般的です。私たちの場合は特定の印刷会社に依頼し、一貫して製版から製本まで行っています。

印刷方式は、印刷用の版を使った有版印刷と、版を使用せずにデータから直接印字する無版印刷に分けることができます。前者をアナログ印刷、後者をデジタル印刷と呼びます。出版で用いられているのはアナログ印刷です。デジタル印刷は版を使わないので、小ロットの印刷や1枚ごとに異なる内容の印刷に用いられます。

有版印刷は、さらに次の4タイプに分けることができます。

平版印刷（オフセット印刷）

平版印刷（オフセット印刷）は、書籍や雑誌などさまざまな印刷に使用される印刷技術で、印刷品質と高生産性が特徴です。直接紙に触れないため、版の磨耗が少なく大量印刷に適しており、短時間での印刷も可能です。印刷会社としては設備投資費用が高い点を除けばほとんど欠点がなく、現在世界中で供給される商業印刷機の多くはオフセット機が占めています。

図16 印刷の流れ

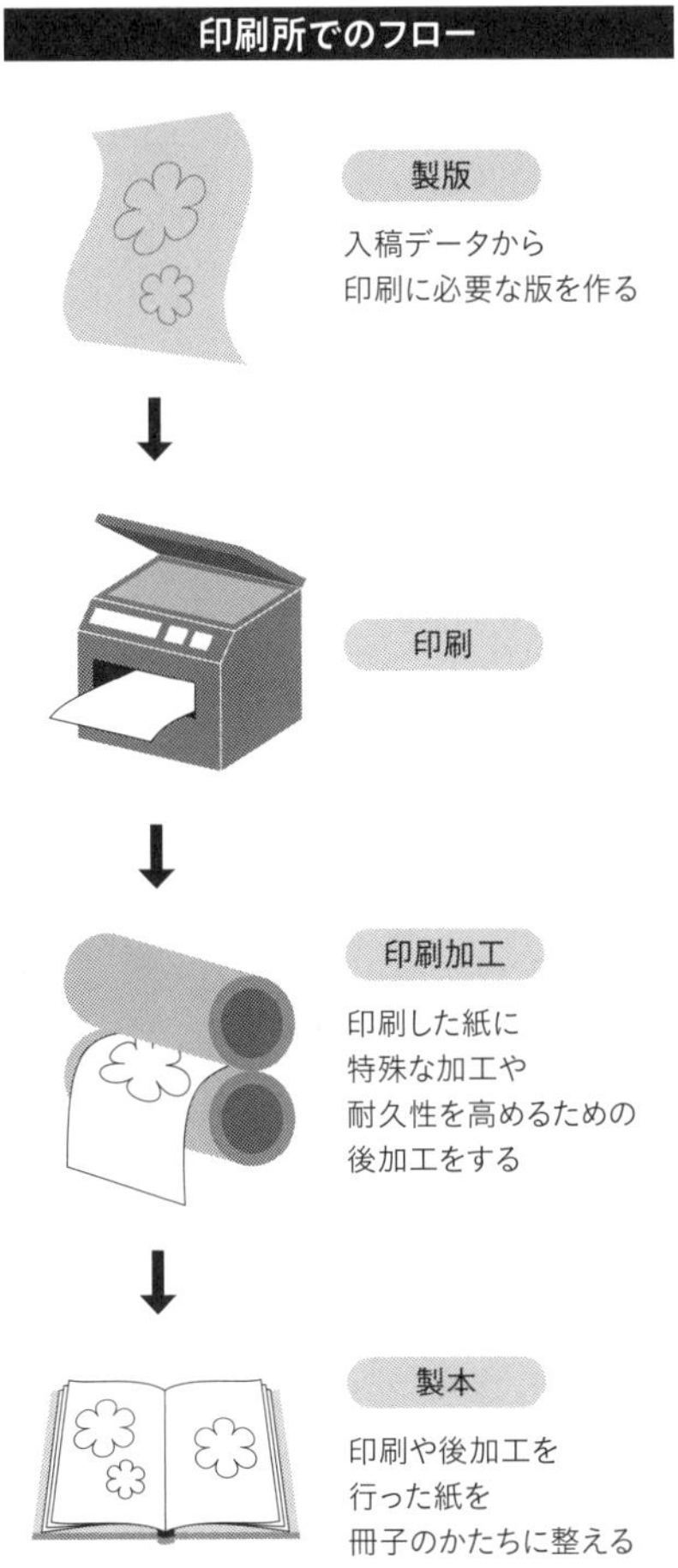

印刷所でのフロー
製版
入稿データから
印刷に必要な版を作る
印刷
印刷加工
印刷した紙に
特殊な加工や
耐久性を高めるための
後加工をする
製本
印刷や後加工を
行った紙を
冊子のかたちに整える

凸版印刷（活版印刷）

凸版印刷（活版印刷）は、画像部が非画像部より高い印刷版を使用し、亜鉛・銅・合成樹脂などの版材が用いられる印刷方式です。かつては書籍・雑誌印刷の主流でしたが、現在はオフセット印刷がそれに取って代わっています。ただし、ラベルやシールの印刷では今も樹脂版による凸版印刷が一般的で、そうした樹脂版やゴム版を使ったフレキソ印刷は環境に優しいことから、今後増えることが予想されます。

凹版印刷（グラビア印刷）

凸版印刷とは逆に、版に凹みを作ってインクを流し込み、印刷をする方式です。このほうがインクに厚みをもたせることができるため、高品質なカラー印刷が可能です。かつてはカラー雑誌の印刷によく使われていたことから、転じて女性の水着写真などをグラビアと呼ぶようになりました。現在はプラスチックフィルムや金属箔などにもよく使用されています。

孔版印刷（スクリーン印刷）

孔版印刷は版に穴を開けてインクを擦りつける方式で、スクリーン印刷はその一種です。かつては絹を使用していたためシルクスクリーンとも呼ばれますが、現在は化学繊維のスクリーンが利用されます。ガラス、プラスチック、金属、布など、多くの素材や曲面にも印刷可能なため、紙以外の印刷によく使われます。謄写版印刷や型紙捺染、ガリ版なども孔版印刷に分類されます。

書籍の印刷に用いられるオフセット印刷の印刷機は、枚葉印刷機と輪転印刷機の2種類に分けられます。

枚葉機は1枚ずつカットされた紙を印刷機に通す方式で、特殊な品質の印刷物に多く使われます。1時間あたりの印刷できる部数は約1万枚。大量印刷に向いている輪転機と比べて、書籍はもちろん、フライヤーやパンフレット、ポスター、名刺などさまざまなシーンで使用されるのが特徴です。

輪転機はロール状の用紙を高速で印刷する方式で、書籍や新聞、折込チラシ、フリーペーパーなどの大量印刷に適しています。印刷速度は枚葉機の数倍で、平均で1時間あたり約2万〜3万枚といわれています。全長40メートルにもなる大型設備なので、通常は大きな印刷工場に設置されます。また、熱風で乾燥させるため紙が縮みやすいという特徴があります。

私たちの書籍で用いるのは枚葉機です。1枚あたり16ページ分を印刷し、あとで裁断して本のかたちにしていきます。印刷機は最新のものを使い、版を作るのもパソコンで行っていますが、版にインクを付けて紙に刷るという点においては昔と変わりません。なお、本によっては印刷した用紙に特殊な加工や耐久性を高めるための後加工を施す場合もあります。

印刷された紙はこうして本に変わる
――職人ぞろいの「製本」の現場

印刷や後加工を行った紙を冊子のかたちに整える作業を製本といいます。書籍づくりにおいては、大きく分けて並製本と上製本の2種類があります。

並製本とはいわゆるソフトカバーで、本文と表紙を付けてから背以外の三方（小口＝本を開いたときの本の両外側、天＝本の上側、地＝本の下側）を一度に断裁し、指定寸法に仕上げる製本様式です。上製本に比べてリーズナブルに仕上げることができます。とじ方としては、針金や糸を使わず背をカットして接着剤で固めてとじる無線とじ、背はカットせず切り込みを入れて接着剤を浸透させるアジロとじが一般的です。

上製本はいわゆるハードカバーのことで、固く丈夫な芯紙を表紙の紙で包むのが特徴です。とじ方は、背の部分に糸を通してとじる糸とじが多く用いられます。糊付けのみの無線とじと比べてかなり丈夫に仕上がります。

製本は基本的に機械で行われているので、職人技というものはあまりありません。ただ、印刷の部分については著者の理想に近づけるためにインクの配合を数％単位で変えたり、黒の発色を強くするために別の色を下地に塗ってみたりと、職人の腕に頼ることは結構あります。

ただし、箔押しや蛍光カラーなどの特色印刷、特殊なかたちでの裁断といった、印刷や製本段階での細かな注文は、自費出版では自由が利かない場合がほとんどです。実際どこまで対応してくれるのか、その場合は予算内でやってくれるのか、あるいは追加料金がかかるのかは契約時に確認する必要があります。

本の「見本」はいつ、誰に配られるのか

校了データを印刷所に送ってから製本されて著者の手元に届くまで1カ月ほどかかります。私たちは約束した納品日の数日前に、編集部から見本として1冊送っています。そして納品日には、契約で定めた冊数が印刷会社から直接著者のもとへ届けられます。契約によっては同時に書店にも配本されます。精魂込めて作った本が世に出ていく瞬間です。

なお、私たちの会社の場合、著者に届ける冊数は契約時に取り決めます。一般的な

のは100冊です。届いた本の用途は著者によってさまざまで、家族や親戚、友人に配ったり、教室を運営しているような人は生徒に販売したりしています。

ＰＲのために雑誌社や新聞社に献本（見本を送ること）する人もいます。そうした行為は商業出版ではよくあることなので、メディアの担当者としても驚く話ではありません。むしろ、著者本人が手書きの手紙とともに送ったほうが手に取ってもらえる可能性が高いこともありますので、自著を世に広く知らしめたい人は出来上がった本を使って積極的にＰＲ活動を行うのが得策です。ＰＲの結果、新聞や雑誌、テレビの取材につながったケースも結構あります。

ちなみに、著者からよく聞かれるのが増刷や重版《じゅうはん》についてです。まず言葉の定義について整理すると正確には両者には違いがあり、増刷はすでに出版された書籍を同じ内容のまま再び印刷することで、重版は書籍の内容を一部変更して再度印刷することを指します。どちらも基本的には売れ行き好調でさらに売上が見込める場合に検討されます。とはいえ増刷や重版はそう簡単には行われません。見込みより売れなかったら、出版社は多くの在庫を抱えることになるからです。

重版することを重版出来《しゅったい》といい、かつてテレビドラマになったことから、重版＝ヒットのバロメーターというイメージが一般的にあります。そのため、一度に多くの部数を刷るよりも少数ずつの重版をしたほうがヒットしているように見えると考え、初版の発行部数を抑えるよう提案してくる著者もいますが、最初に少ない部数で流通させると、それだけ読者の目に触れる機会が少なくなり、結果的に売れる数も減るというジレンマに陥ります。書籍の部数は多過ぎても少な過ぎても問題があります。

書籍にとってベストな流通部数を設定したり、売れ行きが見込める書店にピンポイントで配本したり、広告を掲載したりすることで重版の可能性は高まりますが、商業出版でも非常にハードルが高い重版を自費出版で狙うのは、至難の業です。もちろんより多くの人に読まれることを目指して、より良い本を作ろうと奮起するのはいいことですが、自費出版の目的はあくまでも著者個人の自己表現を実現することでありヒット作を作ることではないので、発行部数にこだわり過ぎるのはおすすめしません。

自費出版著者インタビュー❸

もし本を出さなかったら……

――「出版を諦めたこと」が生む後悔もある

タイトル『二十世紀のおとぎ話～三人の王子と二人の王女の物語～』

オー・クンケー様

●自費出版を決意されたきっかけをお聞かせください。

出版した本のテーマは「平和」です。こんなご時世だからこそ皆が、例えば親子、あるいは若い人たちが平和を考えるきっかけになるようなものを自分で著したい、残したいという気持ちがありました。

今回その気持ちが本というかたちになったわけですが、以前から自分が伝えたいことや生きた証しとして何か残しておきたいという気持ちがあり、その手段の一つとして本を作ることも考えていました。

● 自費出版をして得られたものはありますか？

1つは達成感を得られたこと、もう1つは充実感を得られたことです。言葉にするならこの2つに表されると思います。

達成感というのは、言葉どおり一つのものを作り上げたという意味ですが、充実感にはいくつか意味があります。例えば、「私は平和について考えています」と言葉で言うだけではなくて、それを表現する「ツール」ができたという充実感。ツールができたことで私の平和への想いも非常に充実したものになりました。それを伝えられるという充実感もあります。

私は昨年、会社の役員・役職などをすべて退任しました。今はこの本をPRするのが私の仕事です。そういう意味で日々が充実している、というのもありますね。

● 自費出版を迷っている方へメッセージをお願いします。

出版を思いつくこと自体がすばらしいことだと思うので、背中を押したいと思います。ただ、迷うのには理由があると思うんですよね。出版したいという気持ちもあれば、出版への不安やためらう理由があるのかもしれません。その気持ちをよく整理したほうがよいと思います。

出版をためらう理由にもいろいろあると思います。素人だから本の書き方が分からないとか、あるいはお金がかかるとか……。でも、それらは整理していくことで一つひとつ解決できます。特に本の書き方が分からない、どうすればいいのか分からないという悩みは、編集者とやりとりをしていけば、作品は当初考えていたものよりも絶対に良くなっていきます。これは間違いないと思います。

ですので、特に考えてもらいたいのは「自分が本を出版したあとの世界」と「出版しないままの世界」です。自分にとってどちらがよいのだろうかと、2つの世界をよく想像してもらいたい。出版しなかったことによる後悔もあるわけですから、そういったものを含めて、出版したい理由やためらう理由をじっくり考えてほしいと思います。その想像が、自分が本を出版したい理由とリンクしてくると思います。

●出版したい理由とリンクしてくる、ですか。

そうです。出版したい理由があって、実現したらその先どうなるのかを考えてほしい。しっかりした編集者に付いてもらって本を完成させて満足するのも構わないですし、広く読んでもらいたいのであれば、流通力やブランド力を考える必要があると思っています。

第5章

本はどうやって書店に並ぶのか

書籍の流通戦略
～取次搬入から店頭陳列まで～

カギを握るのは取次？書店流通の仕組み

本や雑誌は、価格が決まっているという点で非常に特殊な商品です。本の裏側を見ると必ず「定価」と書いてありますが、日本では、定価表記している商品は本と雑誌と音楽ＣＤしかありません（ただし音楽ＣＤは期限付きの定価販売です）。

他の商品は希望小売価格やオープン価格で販売されています。希望小売価格とは、メーカーが小売店に対して、これくらいの価格で販売してほしいと提示する希望額です。オープン価格とはメーカーが希望小売価格を設定せず、価格を小売店など流通業者にまかせる制度です。オープン価格は、かつて家電業界で値下げ競争が激化し、希望小売価格制度が事実上崩壊したことをきっかけとして始まりました。現在は食品・飲料もほぼオープン価格となっています。スーパーでお菓子やレトルト食品などの特売ができるのも、店側が価格を自由に決められるこうした制度があるからです。

しかし本や雑誌の特売はありません。古書店などでは100円均一セールのワゴンなどがありますが、それは中古品だからです。新刊、つまり新商品を販売する書店で安売りセールはあり得ません。なぜなら新刊書や発売されたばかりの雑誌については、定価以外で販売してはいけないと法律で決まっているからです。それが再販売価格維持制度、通称「再販制度」です。本来メーカーが定価を決める行為は独占禁止法によって禁止されていますが、それが許されているのは、出版物が文化・教養の発展に役立つ商品であり、全国どこでも均一の価格で手に入るべきだという考えが一般認識としてあるからです。

もう一つ、本や雑誌を特殊な商品にしている仕組みが「委託販売制度」です。簡単にいえば、書店は決められた期限内であれば本や雑誌を返品してもよいという決まりです。書店に並べられている本はあくまでも販売を委託された商品で、買い取った品物ではないということです。もし買い取った品物なら売れ残りは許されません。安売りでもなんでもして売り切らないと損が出るからです。しかし、日本には再販制度があるので安売りができません。その代わり、売れ残ったら返品してもいいことになっているのです。

この再販制度と委託販売制度を二本柱とする書籍流通を支えているのが、取次という存在です。正式には「取次販売会社」といい、平たくいえば卸売業です。

出版社で本ができると、それがそのまま各書店に行くわけではなく、いったんまとめて取次に搬入され、そこから全国の書店やコンビニ、ネット書店などに流通していくという流れが基本です。約8割の出版物がこのルートを通って販売されています。

取次は全国で100社ほどあるとされますが、2大取次といわれるのがトーハンと日本出版販売（日販）です。この2社だけで出版市場の8割近いシェアを占めています。

なぜ書店流通において取次が必要かというと、3000社近くある出版社と、20年前の半数近くになっているとはいえ全国に1万1000店舗以上もある書店が個々に取引をしたら、大変なことになるからです。販売だけならまだしも、返品にも個々に対応しなければなりません。そうなれば出版社の物流コストは莫大になり、結果的に商品価格に跳ね返ります。書店にしても当然、返品を引き取りに来てもらえなくなり、書店のバックヤードは返品本で溢れ返ってしまいます。在庫の増加は書店の経営を圧迫し、小さな書店はますます存続が難しくなります。

そういったことがないように、現在は取次が毎日のように一手に配本と返品を引き受けてくれています。取次はまさに現在の書店流通のカギを握る存在なのです。

書籍流通、つまり本が読者の手に届くまでの流れを詳しく見ていきましょう。印刷所で製本された本はまず取次に送られます。これを初回搬入といいます。次に、書店からの注文や、これくらい売れるだろうという見計らい部数を基に全国のネット書店を含む書店に搬入されます。見計らい部数は取次が決めることが多く、パターン配本と呼ばれます。パターン配本では過去の売上によって書店をランク付けし、ランクの高い書店から順番に冊数を多く割り振ります。さらに、ジャンル別、出版社別、著者別の各実績データを掛け合わせて算出します。つまり、総合的に販売力のある書店や類書販売の実績のある書店へ優先的に多くの冊数が搬入されるということです。

初回搬入数はなるべく返品が出ないよう慎重に決められますが、こればかりは読者の動向次第なのでどうしても返品が発生します。一般的に書籍の返品率は平均35%超といわれています。

なお、返品はおおむね3カ月以内であればいつでもできることになっていて、搬入当日でも構いません。実際、書店によっては搬入された段階で店頭には陳列せず、即日返品される本もあります。書店のスペースは限られているため、配本された本すべ

図17 本が読者の手元に届くまでの流れ

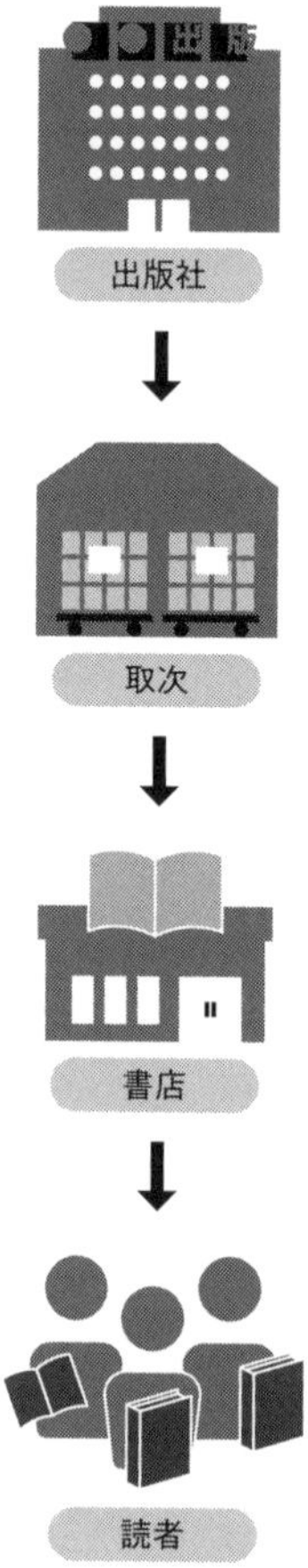

てを陳列することはできないからです。
返品された本はどうなるかというと、倉庫で改装してきれいにしたあと、再び取次を経由して別の書店に出荷されます。これを再出荷といいます。再出荷は基本的に書店からの注文があった場合に行われます。この場合は委託ではなく買い取りになるため、売れ残っても原則返品はできないのですが、暗黙の了解として返品可能ということになっています。返品不可だと書店が追加注文をしてくれなくなる可能性が高いからです。結果として、取次と書店の間で本の搬入と返品が半永久的に繰り返されることになります。

委託販売制度は世界的に見ても特殊で、国内の他産業との競争力を弱める原因になっているという声は以前から上がっています。しかし、現状では委託販売制度を廃止することは非現実的だと考えられています。というのも委託販売制度があるから返品もできるし、返品ができるということは、書店にとっては売れ残りのリスクがないことになります。出版社にとっても、返品できるから扱ってくれる面があるので、さまざまなジャンルの書籍に挑戦して、それを店頭に並べるチャンスになっているのです。

委託販売制度は著者にとっても大きなメリットがあります。委託販売制度がなくなれば書店は確実に売れる本しか扱わなくなります。特に自費出版は、著者がまだ無名な場合がほとんどなので、おそらく書店流通には乗らなくなります。作品として良いか悪いかという以前に、プロ作家と同じ土俵で戦えなくなってしまいます。自分の書いた本が全国の書店に並ぶかもしれない――こうした夢を抱くことができるのも、委託販売制度のおかげなのです。

本と読者がピンポイントで出会う場所「書棚」の重要性を知る

書店の書棚の役割は、単に書籍を陳列する棚というだけではありません。本と読者が出会うための大切な場所です。だからこそ、読者の目に留まりやすい場所に置かれることが重要になってきます。

多くの人の目に触れるためには、人通りが多い場所に置かれるのが理想です。例えば入口の近くはほとんどの客が通りますから、書店における一等地です。入口付近に置かれた平台はおすすめの本や売れ筋の本の特等席なので、利用者も何が置いてあるのかチェックしにやってきます。どの本をどの棚に陳列するかの決定権は書店員が握っているため、出版社ができることに限りはありますが、一等地に置きたいと思ってもらえるような魅力的な本となるよう出版社も努力しています。

多くの人に見つけてもらうためには、適切なジャンルの場所に置かれることも大切です。一般的に書店の書棚は、ビジネス書、小説、マンガなどジャンルごとに分かれています。さらに、ビジネス書でも経営、自己啓発、営業スキルなど細かく分類されています。ジャンルや内容ごとの棚を、業界用語で元棚といい、読者に見つけてもらうにはこの元棚に正しく置かれることが重要です。

例えば、一般向けに心臓病を分かりやすく解説した本なのに、ドクターが読むような医学書の棚に置かれてしまうと、一般向けの心臓病の本を求めにやってきた人に見つけてもらえません。間違った元棚に置かれる原因としては、書店の店員が「心臓病の本だから医学書だ」と判断してしまったということが考えられます。あるいはＣコードの分類が医学書となっていたので、自動的にその棚に置いてしまったことも考えられます。Ｃコードとは図書分類コードとも呼ばれる４桁の数字で、１桁目が販売対象を、２桁目が形態を、３・４桁目が内容をそれぞれ表しており、出版社が付けることになっています。ただし内容の分類は少々大雑把で、例えば病気に関するものだと

図18 日本図書分類コード（Ｃコード）

第１桁（販売対象）

コード	内容
0	一般
1	教養
2	実用
3	専門
4	検定教科書・消費税非課税品・その他
5	婦人
6	学参Ⅰ（小中）
7	学参Ⅱ（高校）
8	児童
9	雑誌扱い

第２桁（発行形態）

コード	内容
0	単行本
1	文庫
2	新書
3	全集・双書
4	ムック・その他
5	事・辞典
6	図鑑
7	絵本
8	磁性媒体など
9	コミック

第3-4桁（内容）

コード	内容	コード	内容
00	総記	53	機械
01	百科事典	54	電気
02	年鑑・雑誌	55	電子通信
04	情報科学	56	海事
10	哲学	57	採鉱・冶金
11	心理（学）	58	その他の工業
12	倫理（学）	60	産業総記
14	宗教	61	農林業
15	仏教	62	水産業
16	キリスト教	63	商業
20	歴史総記	65	交通・通信
21	日本歴史	70	芸術総記
22	外国歴史	71	絵画・彫刻
23	伝記	72	写真・工芸
25	地理	73	音楽・舞踊
26	旅行	74	演劇・映画
30	社会科学総記	75	体育・スポーツ
31	政治-含む国防軍事	76	諸芸・娯楽
32	法律	77	家事
33	経済・財政・統計	78	日記・手帳
34	経営	79	コミックス・劇画
36	社会	80	語学総記
37	教育	81	日本語
39	民族・風習	82	英米語
40	自然科学総記	84	ドイツ語
41	数学	85	フランス語
42	物理学	87	各国語
43	化学	90	文学総記
44	天文・地学	91	日本文学総記
45	生物学	92	日本文学詩歌
47	医学・歯学・薬学	93	日本文学、小説・物語
50	工学・工学総記	95	日本文学、評論、随筆、その他
51	土木	97	外国文学小説
52	建築	98	外国文学、その他

「47医学・歯学・薬学」しかなく、一般書も専門書もひとくくりにするしかありません。元棚のミスマッチを防ぐには、出版社が「この本は医学書だけれども、一般向けの本です」と見た目に分かりやすい書籍作りをすると同時に、しっかり書店に働きかけて、内容に沿った陳列をしてもらう必要があります。

書店でのさまざまな陳列方法

ちなみに、自費出版の書籍は商業出版の書籍と交ざって販売、陳列されることが多く、一般の読者にしてみれば、書店に並ぶ本が自費出版か商業出版かというのは関係ありません。だからこそ編集者は商業出版に負けないようなタイトルや表紙づくりに励んでいますし、書店営業の担当者は、より目立つ場所や元棚に置いてもらえるよう努力しています。

なお、書店での本の陳列にはいくつかパターンがあり、基本的には、平積み、面出し、棚差しの3つです。

図19 書店でのさまざまな陳列方法

平積み

面出し

棚差し

平積みは、ベストセラーや人気作家の最新刊、受賞歴のある本など、売れ筋の本を陳列するときに用いられます。入口付近など目立つ場所に平台やワゴンを置いて大量に陳列することもあります。

面出しは、目に留まりやすい高さに置かれ、表紙を表に出して商品を陳列します。大量には陳列できないので厳選された印象を与えます。

棚差しは、背表紙を見せて差すように書棚に並べる方法で、文庫や新書など定番商品が陳列されます。指名買いされる商品に向いています。

これらは、発売からの時間経過や時期によっても変わってきます。最初は平積み、次には面出し、最後は棚差しという感じです。今度書店に行ったら、どのような本がどのような書棚やパターンで陳列されているかチェックしてみてください。

プロの作家と同じ流通展開

――「特約店契約」とは？

本を作ったあとの流通を考えると、どの出版社で自費出版するかは著者にとって重要な検討課題です。取次からまとまった数の本が配本される今の流通システムだと、売れる本をたくさん出版している出版社のほうが必然的に影響力が強くなるからです。

例えば私たちの書籍は、幻冬舎メディアコンサルティングという幻冬舎のグループ会社が発行元ですが、発売元は幻冬舎になります。つまり流通上は幻冬舎の本という扱いになり、実際、幻冬舎の商業出版の本と一緒に各書店に搬入されています。

幻冬舎には特約店制度もあります。2022年度に最も売れた『80歳の壁』のように、幻冬舎では売れる本をたくさん作っています。書店からすると売れる本、つまり売れる商品はたくさん欲しいところです。しかし、取次の配本だけだと欲しい数を確保できる保証はありません。そこで、前年度の各書店の販売実績に応じて幻冬舎の本を他の書店より優先的に配本するという契約を特定の書店と結んでいます。これが特約店制度です。

普通は取次にまとまった部数を渡してあとはおまかせという出版社が多いのですが、幻冬舎ルネッサンスでは独自に流通部数や著者の特性、類書の販売傾向などから分析を行い、各書店への配本を割り振っています。なぜそこまでするかというと、やはり丹精込めて作った本を本当に求めている読者へ確実に届けたいからです。幻冬舎の特約店は全国各地にあり、各地域で指折りの有名大型書店が名を連ねています。大型書店であればあるほどたくさんの冊数を店頭に置くことができ、また来客数も多いので、より多くの人に手に取ってもらえる確率が高まります。流通については大手出版社だと安心といえるでしょう。

自費出版著者インタビュー❹

インターネットの時代だからこそ、出版の重みが増している

タイトル『残念ながら俺は嘘つきだよ』

二本松海奈様

●自費出版を決意されたきっかけをお聞かせください。

何か家でもできる趣味はないかと思い、小説を書きました。それであるコンテストに応募したのですが、落選してしまって……。ただ自分としては自信作だったので、どこかで拾ってもらえないかと思い幻冬舎ルネッサンスのコンテストに送ったところ、自費出版のお誘いを受けて刊行することができました。

●幻冬舎ルネッサンスを選んだ理由は何だったのでしょうか？

いろいろと話をうかがってみると、全国の書店に流通することや、Amazonや楽天といったインターネット書店にも太いパイプがあることなどが分かり、魅力的だと思いました。

●コンテストに応募してみたら私たちの会社から連絡があり、話が進んだということでしょうか？

そうですね。コンテストで大賞は取れなかったのですが、丁寧な評をもらいました。普通の文学賞や一般のコンテストでは何のフィードバックももらえず、ただ落選したことだけが分かるのですが、幻冬舎ルネッサンスはとても丁寧に読み込んで、ここが良かった、ここをこうしたらもっと良くなる、というアドバイスをもらえたのもすごく良かったです。

●インターネット社会であえて本を出版することにこだわられたのはなぜでしょうか？

紙の本には今でもすごく信頼があります。今はインターネットを使って誰でも簡単に無料で発信できる時代ですが、そうなると逆に埋もれてしまうんですよね。誰もが発信できるだけに、本当に良いものであっても人目につかず埋もれてしまうことが多いんです。一方、それが本になると、書店で誰かの目に触れる機会もありますし、自分で「本を出しました」と宣伝すれば、「インターネットで小説を書いています」と言うよりも皆興味をもってくれます。出版というのは、他人に広く自分の考えや表現を知ってもらえる、本当にいいチャンスだと思います。インターネットの時代だからこそ、逆に出版が重みを増している感じがします。今はぶらりと書店に立ち寄る感じではないので、書店に来て本を探す人というのは真の本好きだと思います。本が好きな人に取ってもらえて、自分のことを知らない人に知ってもらえるというのは本当にすばらしいことだと思います。

●自費出版で大事なことは何だと思われますか？

単に印刷したものを配るというだけではなく、編集者が、売れるにはどうしたらよいのかという点や、読者目線で読んだときに分かりやすいところ、分かりにくいところなどをしっかりアドバイスしてくれる出版社がよいと思います。

流通に乗せてくれる出版社であることもすごく大事ですね。私が通っている小説教室の先生も、「ただ出すだけならばどこでもできるけれど、きちんとした流通に乗せてくれて、書店で売ってくれる出版社でないと、売れるのは難しい」と言っていました。

●本を出しただけで売れるかというと難しいですよね。

そうですね。例えばなんらかの賞を取ったら売れる、そうでない限り売れないという風潮はあります。しかし、世の中で有名な賞が自分の小説に合っているかというとそうでもないんですよね。そんなときには自分で本を出してしまって、そこから始めるのがよいと思いますし、書きながら自分を発見するのも面白い過程だと思います。

●書きながら自分を発見するということですか？

書いてみると、思っていたのとは違う方向に登場人物たちが動いてくれたりとか、世の中の流れに自分の小説が急にぴったりとはまって、何か予言でもしたのかな？　と思ったりとか。書いてみて初めて新たな発見があるわけです。

●まずは書いてみることが大事なのですね。

そうですね。まずは書いてみること、適切にアドバイスしてくれる人を見つけること。そして、それが確実に書店やインターネット書店に流通して、マスコミへの売り込みもやってくれる……そういう出版社がよいと思います。

第6章

急拡大する電子書籍マーケットを知る

いまや標準化した書籍の電子化とその歴史

いまや紙の書籍と同時に電子書籍も発売されることは珍しくなくなりました。電子書籍のメリットは、インターネット環境と対応するデバイスさえあればいつでも読めて、荷物にならないのでどこでも読めることです。また、文字や画像の拡大縮小が自由で、音声や動画を埋め込むことができるなど、紙の書籍ではできない表現方法があるのも大きな特徴です。

電子書籍もあることを出版社や出版物の信頼度のバロメーターとしている読者が一定数おり、電子書籍の存在感や影響力は無視できません。自費出版においても紙の書籍を電子化する著者は増えています。

また、国立国会図書館においても電子書籍の収集が本格化し、2023年1月1日からは商業出版の電子書籍も提供するように義務付けられました。つまり紙の書籍の電子化はいまや標準となっているのです。

日本における最初の電子書籍は、1992年に日本に上陸した米ボイジャー社の電子書籍エキスパンドブックだとされています。その翌年、NECが世界初の電子書籍端末NECデジタルブックを発売しています。これはフロッピーディスクの書籍データを表示させる端末で、初期に80タイトル以上、最終的に200タイトル以上を提供したものの、残念ながら普及しませんでした。

初の電子書店は1995年にスタートしたパピレスです。そして1998年には電子書籍コンソーシアムが設立され、電子書籍元年と呼ばれました。大手出版社や家電メーカー9社が発起人企業となり、電子書籍の実証実験を行ったのです。

2000年には文芸出版社8社による電子文庫出版社会が設立され、共同の電子書籍販売Webサイト「電子文庫パブリ」がオープンしました。2004年にはパナソニックからシグマブック、ソニーからリブリエという読書端末が発売されて、にわかに電子書籍熱が高まりました。この頃には複数の電子書店も立ち上がりましたが、本格的な普及には至りませんでした。

電子書籍元年の本命といわれるのは２００７年です。この年、アメリカでAmazonの電子書籍専用デバイスKindleと、AppleのスマートフォンiPhoneが発売されました。Kindleで電子書籍が一躍注目を浴びた一方、スマートフォンの爆発的な普及によって、電子書籍をタブレット端末で読むという流れもこのときを境に醸成されていきました。さらにこの年にはGoogleがあらゆる書籍を電子化して検索対象とするGoogle Book Search（現在のGoogleブックス）が世界中で大きな話題となりました。

そうしたグローバルな流れを受けて、日本では２０１０年、電子書籍を発売する出版社の集まりである日本電子書籍出版社協会が誕生し、日本の大手出版社からも電子書籍に本格参入する表明が相次ぎました。そして２０１１年には、国際的な電子書籍規格EPUB3が日本国内でも使えるようになり、電子書籍の本格的な普及が始まったのです。

どこまで伸びる？
拡大を続ける電子書籍市場

公益社団法人 全国出版協会・出版科学研究所によると、2022年の電子出版市場は前年比7・5％増の5013億円、出版市場における電子出版の占有率は30・7％と3割を超えました。つまり雑誌を含めた出版物全体のうち、3分の1近くを電子出版が占めているということです。

ただし、電子書籍を牽引しているのは今のところコミックです。出版科学研究所によると、電子市場におけるコミックのシェアは年々増えており、いまや9割に迫る勢いです。理由としては若者のタイパ（タイムパフォーマンス）意識が寄与していると考えられます。

紙のコミックは、1巻を読み終わると次の巻が出るまで時間がかかりますが、電子コミックなら単話版が売られているので、2巻を待つことなくすぐに続きを読めます。

平日1日

	年	平均利用時間（単位：分）					行為者率（%）				
		テレビ（リアルタイム）視聴	テレビ（録画）視聴	ネット利用	新聞閲読	ラジオ聴取	テレビ（リアルタイム）視聴	テレビ（録画）視聴	ネット利用	新聞閲読	ラジオ聴取
全年代	2017	159.4	17.2	100.4	10.2	10.6	80.8	15.9	78.0	30.8	6.2
	2018	156.7	20.3	112.4	8.7	13.0	79.3	18.7	82.0	26.6	6.5
	2019	161.2	20.3	126.2	8.4	12.4	81.6	19.9	85.5	26.1	7.2
	2020	163.2	20.2	168.4	8.5	13.4	81.8	19.7	87.8	25.5	7.7
	2021	146.0	17.8	176.8	7.2	12.2	74.4	18.6	89.6	22.1	6.2
10代	2017	73.3	10.6	128.8	0.3	1.5	60.4	13.7	88.5	3.6	1.4
	2018	71.8	12.7	167.5	0.3	0.2	63.1	15.2	89.0	2.5	1.1
	2019	69.0	14.7	167.9	0.3	4.1	61.6	19.4	92.6	2.1	1.8
	2020	73.1	12.2	224.2	1.4	2.3	59.9	14.8	90.1	2.5	1.8
	2021	57.3	12.1	191.5	0.4	3.3	56.7	16.3	91.5	1.1	0.7
20代	2017	91.8	13.9	161.4	1.4	2.0	63.7	14.4	95.1	7.4	3.0
	2018	105.9	18.7	149.8	1.2	0.9	67.5	16.5	91.4	5.3	0.7
	2019	101.8	15.6	177.7	1.8	3.4	65.9	14.7	93.4	5.7	3.3
	2020	88.0	14.6	255.4	1.7	4.0	65.7	13.6	96.0	6.3	3.1
	2021	71.2	15.1	275.0	0.9	7.0	51.9	13.7	96.5	2.6	3.0
30代	2017	121.6	15.3	120.4	3.5	4.3	76.5	15.5	90.6	16.6	2.3
	2018	124.4	17.4	110.7	3.0	9.4	74.1	19.1	91.1	13.0	4.3
	2019	124.2	24.5	154.1	2.2	5.0	76.7	21.9	91.9	10.5	2.2
	2020	135.4	19.3	188.6	1.9	8.4	78.2	19.4	95.0	8.8	6.0
	2021	107.4	18.9	188.2	1.5	4.8	65.8	20.9	94.9	5.9	3.2
40代	2017	150.3	19.8	108.3	6.3	12.0	83.0	17.3	83.5	28.3	7.9
	2018	150.3	20.2	119.7	4.8	16.6	79.2	18.8	87.0	23.1	7.4
	2019	145.9	17.8	114.1	5.3	9.5	84.0	18.9	91.3	23.6	6.0
	2020	151.0	20.3	160.2	5.5	11.7	86.2	23.0	92.6	24.1	6.0
	2021	132.8	13.6	176.8	4.3	12.9	77.8	15.3	94.6	17.9	5.4
50代	2017	202.0	19.1	77.1	16.3	19.5	91.7	16.1	76.6	48.1	9.1
	2018	176.9	20.8	104.3	12.9	17.2	88.5	20.6	82.0	43.9	9.3
	2019	201.4	22.5	114.0	12.0	18.3	92.8	21.9	84.2	38.5	12.2
	2020	195.6	23.4	130.0	11.9	26.9	91.8	20.7	85.0	39.4	13.4
	2021	187.7	18.7	153.6	9.1	23.6	86.4	20.9	89.4	33.8	11.1
60代	2017	252.9	20.0	38.1	25.9	17.3	94.2	16.6	45.6	59.9	9.5
	2018	248.7	27.3	60.9	23.1	22.8	91.6	19.7	59.0	52.8	11.7
	2019	260.3	23.2	69.4	22.5	27.2	93.6	21.2	65.7	57.2	13.4
	2020	271.4	25.7	105.5	23.2	18.5	92.9	22.3	71.3	53.7	12.1
	2021	254.6	25.8	107.4	22.0	14.4	92.0	23.0	72.8	55.1	10.0

図20 主なメディアの平均利用時間と行為者率

休日1日

	年	平均利用時間（単位：分）					行為者率（%）				
		テレビ（リアルタイム）視聴	テレビ（録画）視聴	ネット利用	新聞閲読	ラジオ聴取	テレビ（リアルタイム）視聴	テレビ（録画）視聴	ネット利用	新聞閲読	ラジオ聴取
全年代	2017	214.0	27.2	123.0	12.2	5.6	83.3	22.2	78.4	30.7	4.5
	2018	219.8	31.3	145.8	10.3	7.5	82.2	23.7	84.5	27.6	5.1
	2019	215.9	33.0	131.5	8.5	6.4	81.2	23.3	81.0	23.5	4.6
	2020	223.3	39.6	174.9	8.3	7.6	80.5	27.6	84.6	22.8	4.7
	2021	193.6	26.3	176.5	7.3	7.0	75.0	21.3	86.7	19.3	4.2
10代	2017	120.5	20.6	212.5	0.5	3.6	66.2	19.4	92.1	3.6	1.4
	2018	113.4	28.6	271.0	0.9	0.7	67.4	27.7	91.5	3.5	2.1
	2019	87.4	21.3	238.5	0.1	0.0	52.8	17.6	90.1	0.7	0.0
	2020	93.9	29.8	290.8	0.9	0.0	54.9	25.4	91.5	1.4	0.0
	2021	73.9	12.3	253.8	0.0	0.0	57.4	14.9	90.8	0.0	0.0
20代	2017	120.3	26.6	228.8	2.4	2.9	67.6	24.5	97.7	7.9	2.3
	2018	151.0	32.8	212.9	2.1	2.1	66.5	24.9	95.7	6.2	2.4
	2019	138.5	23.0	223.2	0.9	1.2	69.7	19.9	91.0	3.3	1.9
	2020	132.3	26.5	293.8	2.0	1.9	64.3	20.2	97.7	6.6	2.3
	2021	90.8	17.2	303.1	0.7	1.8	49.3	14.0	97.2	2.3	1.4
30代	2017	166.9	26.4	136.0	3.8	2.8	79.4	21.8	90.5	14.1	1.9
	2018	187.2	26.6	150.2	3.5	3.9	79.8	19.1	92.6	11.7	3.5
	2019	168.2	31.0	149.5	2.5	2.0	78.3	23.3	90.1	9.9	2.0
	2020	198.1	45.0	191.3	1.6	7.4	77.2	31.6	91.2	5.6	3.2
	2021	147.6	30.3	212.3	1.5	3.2	69.6	22.7	92.3	4.0	1.2
40代	2017	213.3	31.6	109.2	7.6	4.7	83.8	25.2	84.4	29.6	5.0
	2018	213.9	39.0	145.3	6.4	8.2	82.7	25.9	90.4	25.3	3.4
	2019	216.2	37.5	98.8	6.0	5.0	83.7	25.5	84.7	20.2	3.7
	2020	232.7	41.5	154.5	5.2	4.2	85.3	28.5	89.3	19.9	3.1
	2021	191.1	28.5	155.7	4.9	6.3	79.0	21.0	91.0	14.8	3.4
50代	2017	265.7	30.8	82.4	16.1	7.4	93.4	23.2	73.3	44.6	5.8
	2018	260.8	22.9	115.0	15.3	10.4	91.9	21.5	80.7	42.2	7.0
	2019	277.5	48.0	107.9	12.9	6.6	90.3	30.6	77.3	37.4	6.5
	2020	256.5	49.8	127.8	12.5	16.3	91.6	31.4	81.5	36.6	7.7
	2021	242.6	28.9	119.0	9.2	14.2	84.8	24.9	82.2	29.6	8.1
60代	2017	320.7	23.6	44.6	33.0	10.2	96.7	18.1	46.1	62.8	7.9
	2018	315.3	34.6	64.3	26.1	14.1	93.0	24.4	63.2	56.9	10.0
	2019	317.6	28.1	56.1	21.8	18.5	94.5	19.0	60.7	51.7	10.3
	2020	334.7	37.2	83.7	22.0	10.9	91.8	25.9	63.1	50.4	9.2
	2021	326.1	31.4	92.7	22.3	11.2	93.5	25.4	71.0	50.4	8.0

出典：総務省情報通信政策研究所「令和2年度情報通信メディアの利用時間と情報行動に関する調査」

図21 紙の出版市場と電子出版市場合計推定販売金額

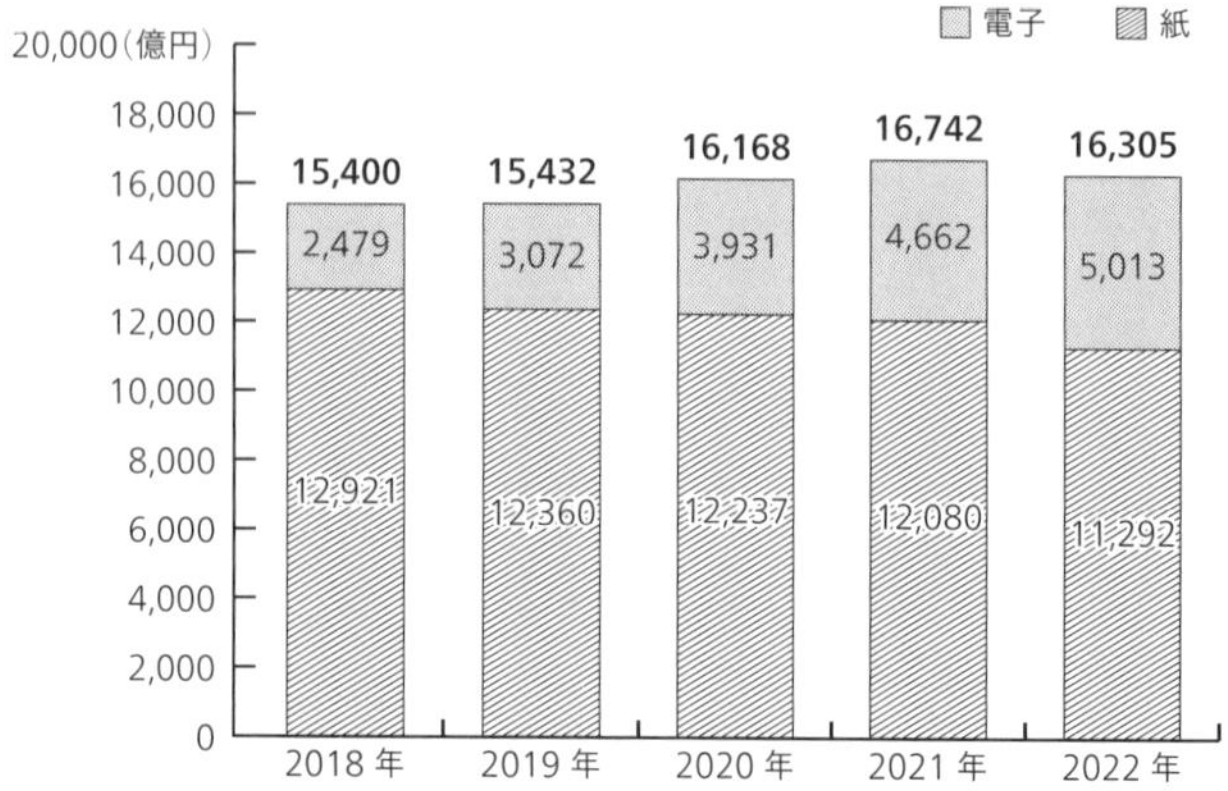

出典：「2023年1月25日付　出版月報」（公益社団法人 全国出版協会・出版科学研究所）

図22 出版物売上シェア

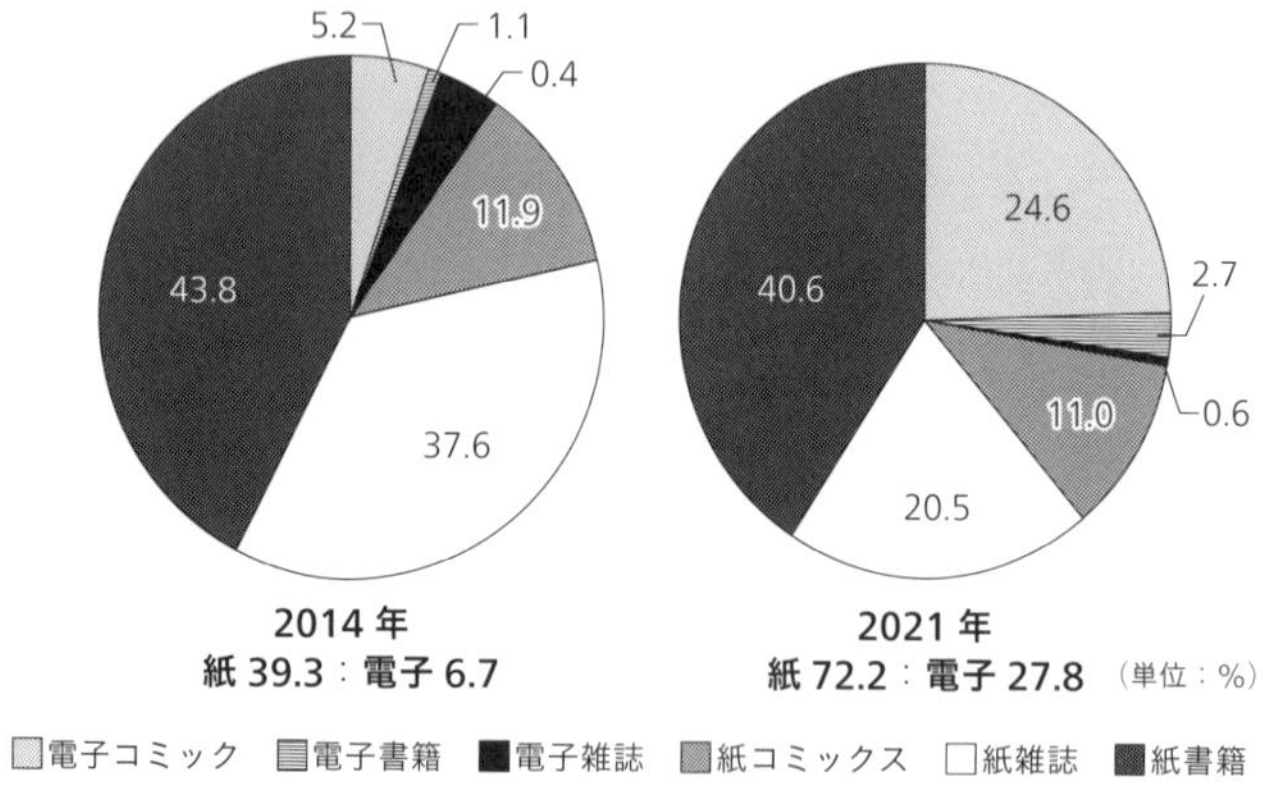

出典：『出版指標年報 2022年版』（公益社団法人 全国出版協会・出版科学研究所）

図23 2023年上半期の紙と電子の出版物推定販売金額

年		2021年 1〜6月期（億円）	2022年 1〜6月期（億円）	2023年 1〜6月期（億円）	2023年 1〜6月期 前年同期比（%）	占有率（%）
紙	書籍	3,686	3,526	3,284	93.1	40.9
	雑誌	2,759	2,434	2,197	90.3	27,4
	紙合計	**6,445**	**5,961**	**5,482**	**92.0**	**68.3**
電子	電子コミック	1,903	2,097	2,271	108.3	28.3
	電子書籍	231	230	229	99.6	2.9
	電子雑誌	53	46	42	91.3	0.5
	電子合計	**2,187**	**2,373**	**2,542**	**107.1**	**31.7**
紙＋電子	**紙＋電子合計**	**8,632**	**8,334**	**8,024**	**96.3**	**100**

出典：「2023年上半期の紙と電子の出版物推定販売金額」（公益社団法人 全国出版協会・出版科学研究所）

また、何十巻購入してもすべて持ち運びできるので、移動の合間などの隙間時間に自由に読むことができます。そうした時間的効率性が今の若者のニーズにマッチしているのです。

書籍においてはビジネス書などが電子書籍の売れ筋です。すぐに知りたい情報や、ネット検索してもなかなかヒットしない体系化された情報が欲しい場合、即座に手に入る電子書籍は非常に便利です。この場合、読者が欲しいのは中身の情報であって、存在としての本ではありません。そういう人にとって実体をもたない電子書籍はうってつけです。

粗製品が作られやすい電子書籍の世界
――問われるのはクオリティ

電子書籍による自費出版は、誰でもコストを抑えながら作れるのが魅力です。それこそAmazonのKindle出版を使えば、誰でも無料で作ることができます。アカウントを登録し、書籍データや表紙画像をアップロードして審査を通過できれば、Amazonのサイト上に並べられるまでいっさい費用はかかりません。売れた分だけ販売手数料が差し引かれますが、出版すること自体はタダなのです。

しかし重要なのは何を作るのかということです。もちろん、情報商材として電子書籍のかたちにまとまっていれば十分で、見た目もまったく気にしないという考え方もあります。しかし、個人であろうと法人であろうと、自らの著書を世に送り出したい、自分の考えを広く問いたい、表現したい、そしてそれによって収入を得たいというのであれば、当然コンテンツとしてのクオリティを上げる努力が必要です。

これから紙の書籍の電子化はますます進み、電子書籍市場は拡大していくと考えられます。音楽コンテンツのように、Kindle Unlimitedなど電子書籍のサブスクリプションも登場し、電子書籍はますます人々が手に取りやすい存在となってきました。だからこそ問われるのはクオリティです。皆が電子書籍を出すようになったら、電子書籍同士の競争が激しくなるのは必至です。もし似たような内容の電子書籍があったら、当然表紙や文章のクオリティが高いほうが選ばれます。

電子書籍のクオリティを高める作業は、一般の人々にとっては非常に難しいミッションです。電子書籍の制作段階においても、出版社という編集のプロを介在させることを強くおすすめします。

電子書籍こそカバーデザインにこだわるべき理由

電子書籍は実際に手に取ることができない分、カバーデザインに力を入れたほうがいいメディアです。なぜなら紙の本であれば紙質や厚さなどで差別化できますが、電子書籍は画面上のカバーで本を比較することになるからです。そのために、Ｗｅｂサイト上でどのように見えるかを加味してデザインするのが重要なポイントです。

例えば私たちの場合、Ｗｅｂ映えするようにフォントや太さ、色などを選び、タイトルを強調するようにしています。リアルの本にすると奇抜過ぎる派手な色合いも、モニター上だと存在感を放つことがあるため、その点を考慮していきます。出来上がった電子書籍のカバーデザインを見て、モニターによって多少色の表示具合が変わることは加味しつつも、もっと発色を強くしてほしいとデザイナーに再注文することもあります。

私たちは電子書籍を選ぶ際にも無意識に紙の本をイメージして、それを求めてしまいがちです。タイトルの文字のデザインからイラスト、写真に至るまで練りに練られた本らしいデザインというのは、独特の存在感があります。反対にＷｅｂのアイコンのようなカバーデザインは「本らしくない」と脳が判断し、素人っぽい＝価値が低いと認識してしまいがちです。カバーデザインは読者の信頼や読みたいという意欲にもつながるので、一度価値が低そうだと認識されてしまった本を手に取ってもらえる確率は低いといわざるを得ません。

そのため、私たちは電子書籍の場合でも、紙の書籍を数多く手掛けるプロのデザイナーを選定し、作品内容を的確に表現した、オリジナルのカバーデザインを作り上げています。

自費出版著者インタビュー❺

いつか葬式に来てくれた人にも渡せる「私の生きた証し」

タイトル『今を生きることば』
近藤朱鳳様

●自費出版を決意されたきっかけをお聞かせください。

Facebookに投稿を始めたことがきっかけでいろんな言葉が浮かんできて、それを本にしたいと思いました。今、この大変な世の中では誰もが生き方に悩んでいます。私みたいに76年間生きていても、どう生きていけばいいのか分からないわけです。

でも、大昔の儒学者や哲学者が残したものに、人生をどう生きるかにつながるヒントがたくさんあって、70年間生きようが100年間生きようが、20歳であろうが今生まれたばかりであろうが、先人が残したすてきな言葉は誰の心にも生き続けています。

私はいつも元気なので……不安に思っている自分が嫌なので、自分を励ます言葉として言霊集を作りました。それが今回の出版にたまたま結びつきました。

●編集者とのやりとりで印象に残ったことはありますか？

初めてのことなので毎回印象に残りました。私の本を一生懸命編集してくれて、かたちになっていくのがすごくワクワクしました。

●自費出版を迷っている方へメッセージをお願いします。

本を作りたいという気持ちをずっともち続けてほしいですね。本は自分の生きた証しでもありますし、本を作ってみる前と作ったあととでは、人生に対する向き合い方が違います。

世間には「自由に楽しむ書」もありますが、私は書道家として、自分の会得した「伝統に裏付けされた書」を世に届けたいという想いもありました。自分の想いを一つ達成することで次のステップが見えてきます。本を出したくても出せない環境にいたとしても、想い続けていればタイミングはやってくると思います。

私が本を出版していちばん良かったと思うのは、私がいつ死んでも葬儀に来てくれた方にこの本をプレゼントできるということです。私が生きた証しですからね。大きさもちょうどよかったし、装丁もすてきでした。大大満足です。

第7章

自らの作品を世に知らしめる

書籍プロモーションを知る

新聞、Web、雑誌……
メディア属性を知ることが成功のカギ

完成した書籍は書店に並べられて終わりと思われがちですが、売り出されたあとは、さまざまな媒体と連動したプロモーション、つまり宣伝もします。私たちのプロモーションには主に4つの施策があります。プロモーションの目的に応じて使い分け、あるいは組み合わせて行います。

まず新聞広告について説明します。書籍の購買層ともターゲットが一致する新聞の広告は、書籍プロモーションの王道的施策です。若者の新聞離れが進んでいるとはいえ、大手5紙なら最も少ない産経新聞でも99万部以上、最も多い読売新聞に至っては663万部以上も1日に発行されているため、大勢の人の目に留まります。そうなると当然、著書の購買数の飛躍的増加が見込めます。

図24 多岐にわたるプロモーション

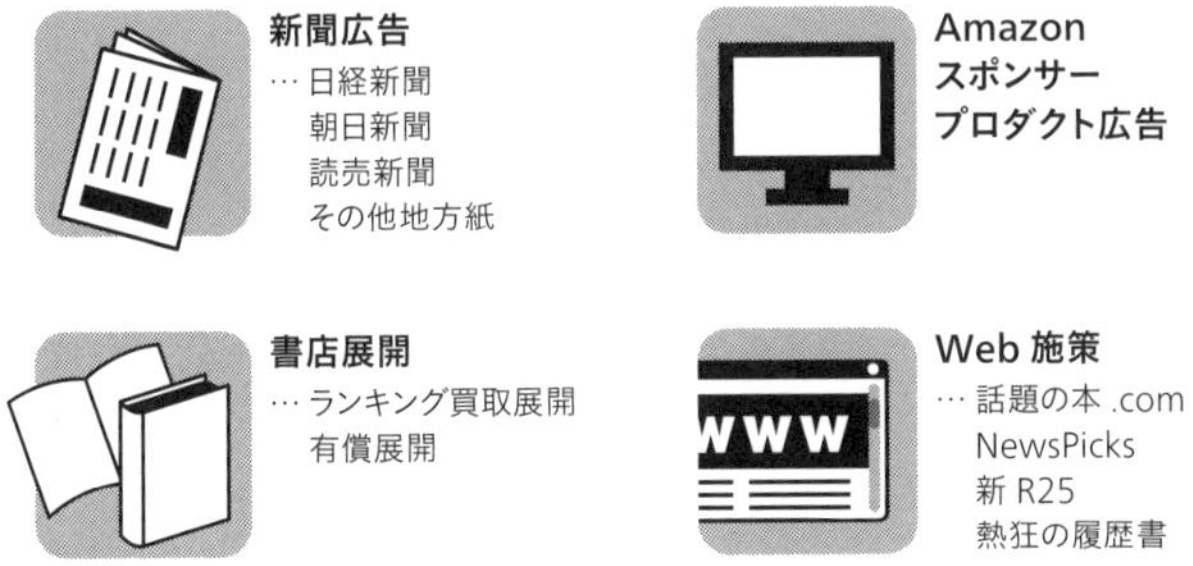

図25 プロモーション施策の使い分け

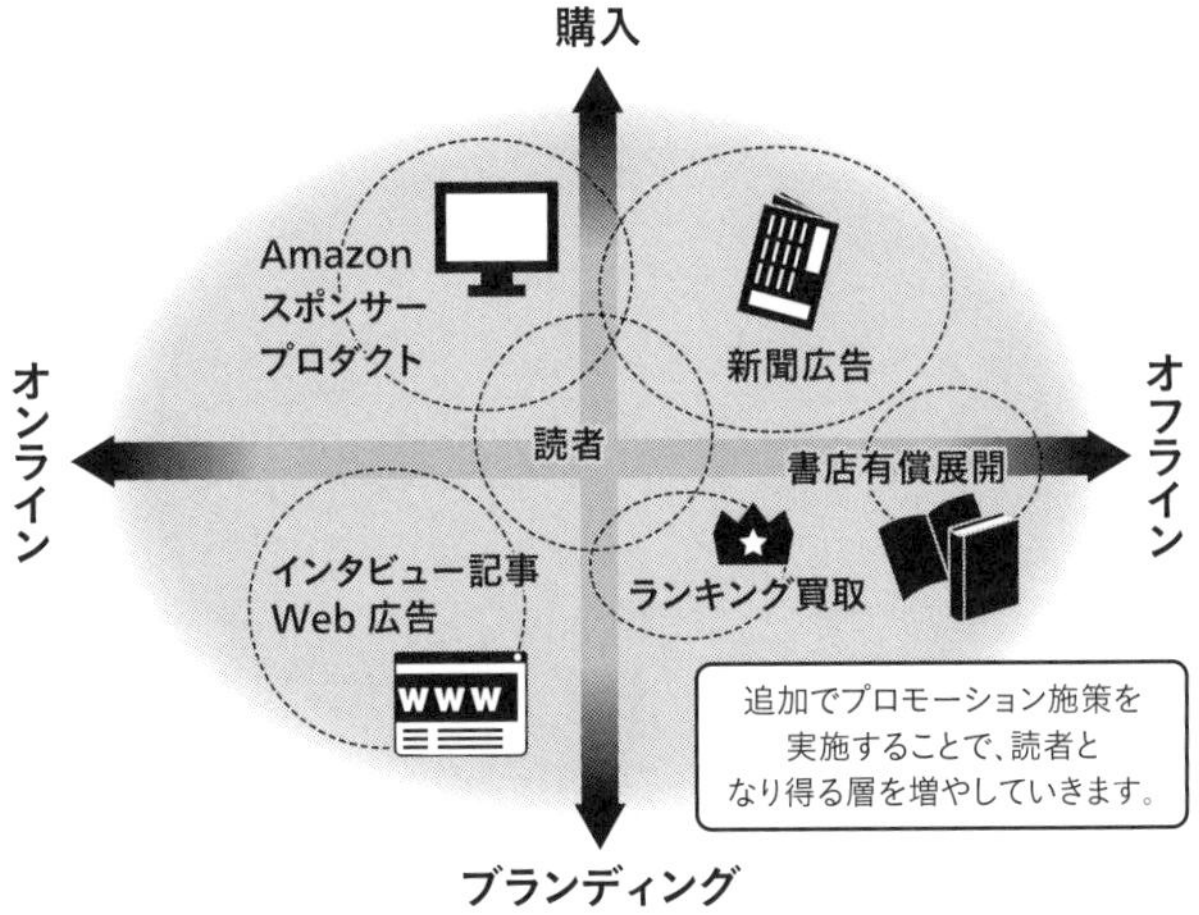

図26 新聞広告（全三段広告／サンヤツ広告）

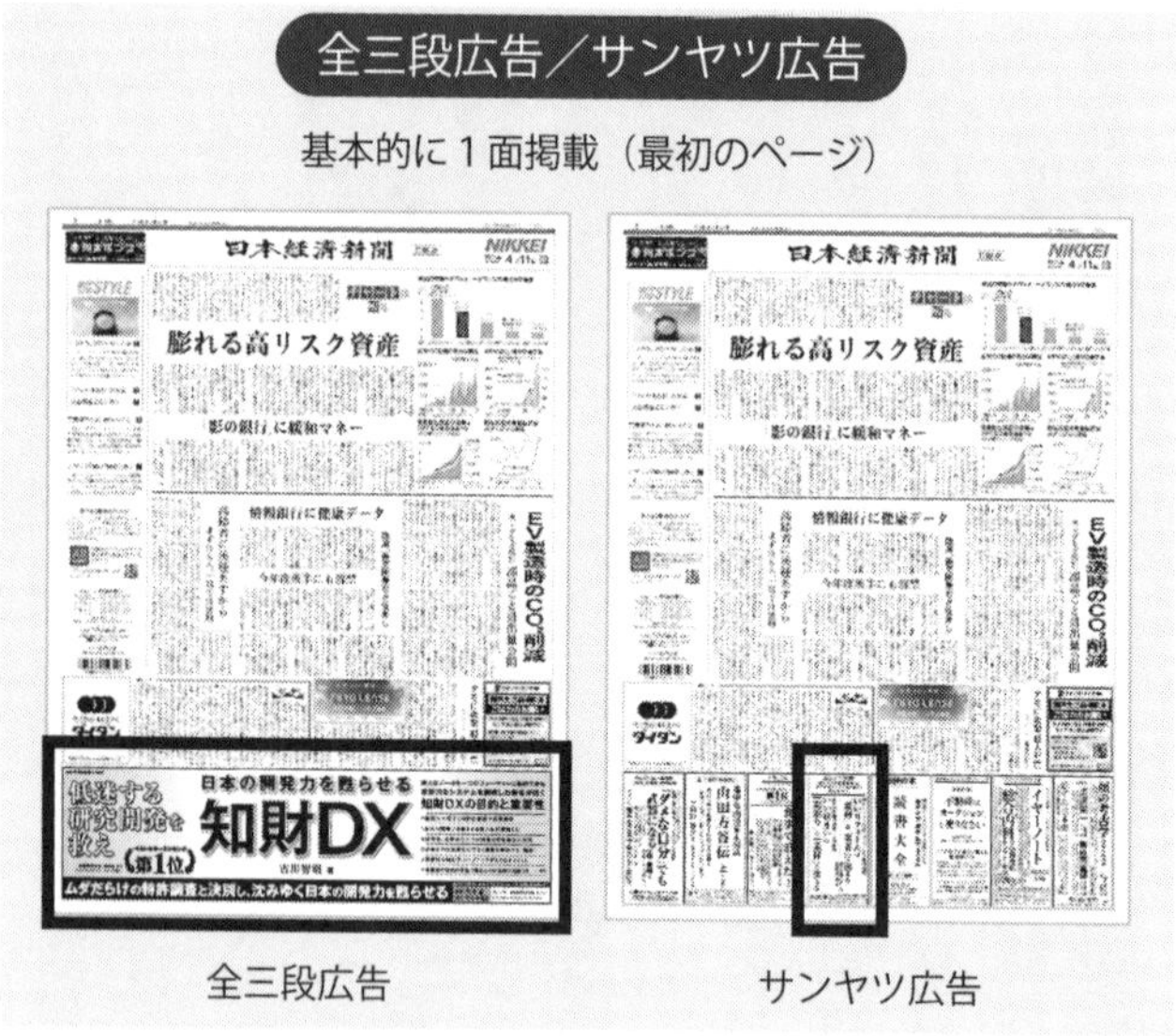

また書店員への認知の促進にもつながり、書籍をより多く書店へ流通させる効果もあります。新聞に広告が出るときは出版社でも売り時なので、書店に対しても「誰々さんの著書が読売の広告で出るので、10冊いかがですか」と営業活動のフックにもなります。新聞広告が出るとAmazonの売上も一気に跳ね上がります。なぜなら新聞広告を見てそのままスマホで注文する人が多いからです。新聞広告は今も販促ツールとして疑いなく

強力な媒体です。

なお、新聞広告の種類は、大きさやかたち、掲載面によっていくつかあります。新聞はページの縦幅を15分割した1ブロックを一段と呼びます。広告はこの段という単位を使って区別することが多いです。まず、基本的に1面に掲載されるのが全三段広告とサンヤツ広告です。全三段広告は文字どおり本文三段分のスペースをすべて広告として使うことです。サンヤツ広告は、三段分の高さで八等分されていることからサンヤツと呼ばれます。サンヤツ広告の文字数やサイズはそれぞれ新聞社の規定に合わせて制作します。どちらも新聞の顔といえる1面に掲載されるので、目立つこと間違いなしです。

基本的に新聞の2〜5面に掲載されるのが全五段広告と半五段広告です。全五段は本文五段分を全面的に広告に用いるもので、それを半分に分けたものが半五段です。2〜5面は、途中で読み飛ばす人もいるため1面に比べると視認率は下がりますが、その分広告スペースを広く取ることができます。新聞広告の文言はすべて出版社が決

図27　新聞広告（全五段広告／半五段広告）

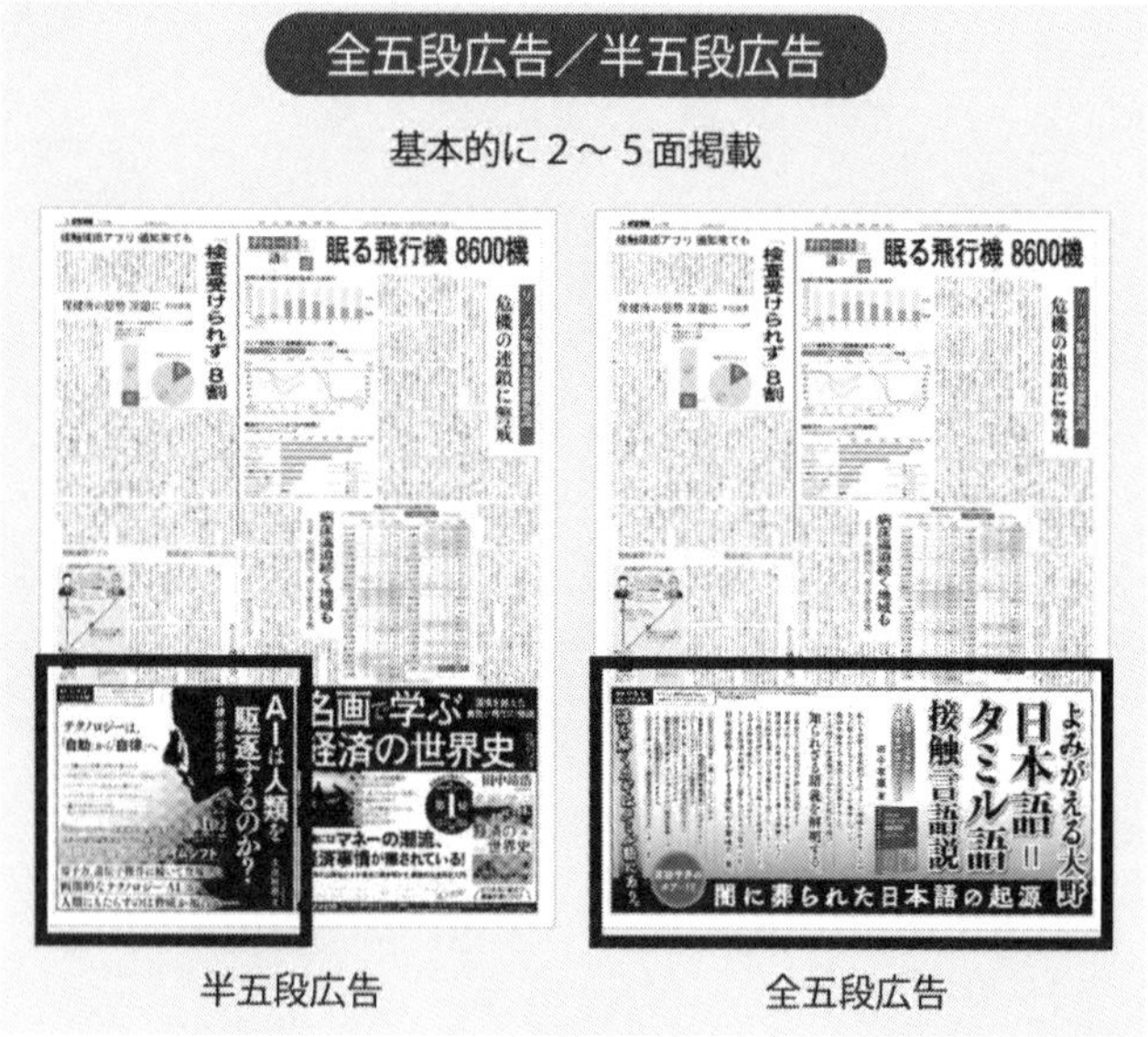

めますが、書影や著書近影、推薦コメントなど、さまざまな情報を盛り込むことができます。

　問題はどの新聞にいつ掲載するかです。単純に発行部数が多い新聞を選べばよいというわけではありません。新聞にはそれぞれ読者層の違いがあります。

　例えば日本経済新聞は経営者など富裕層の読者が多いとされています。朝日新聞は世

図28 五大全国紙の読者層

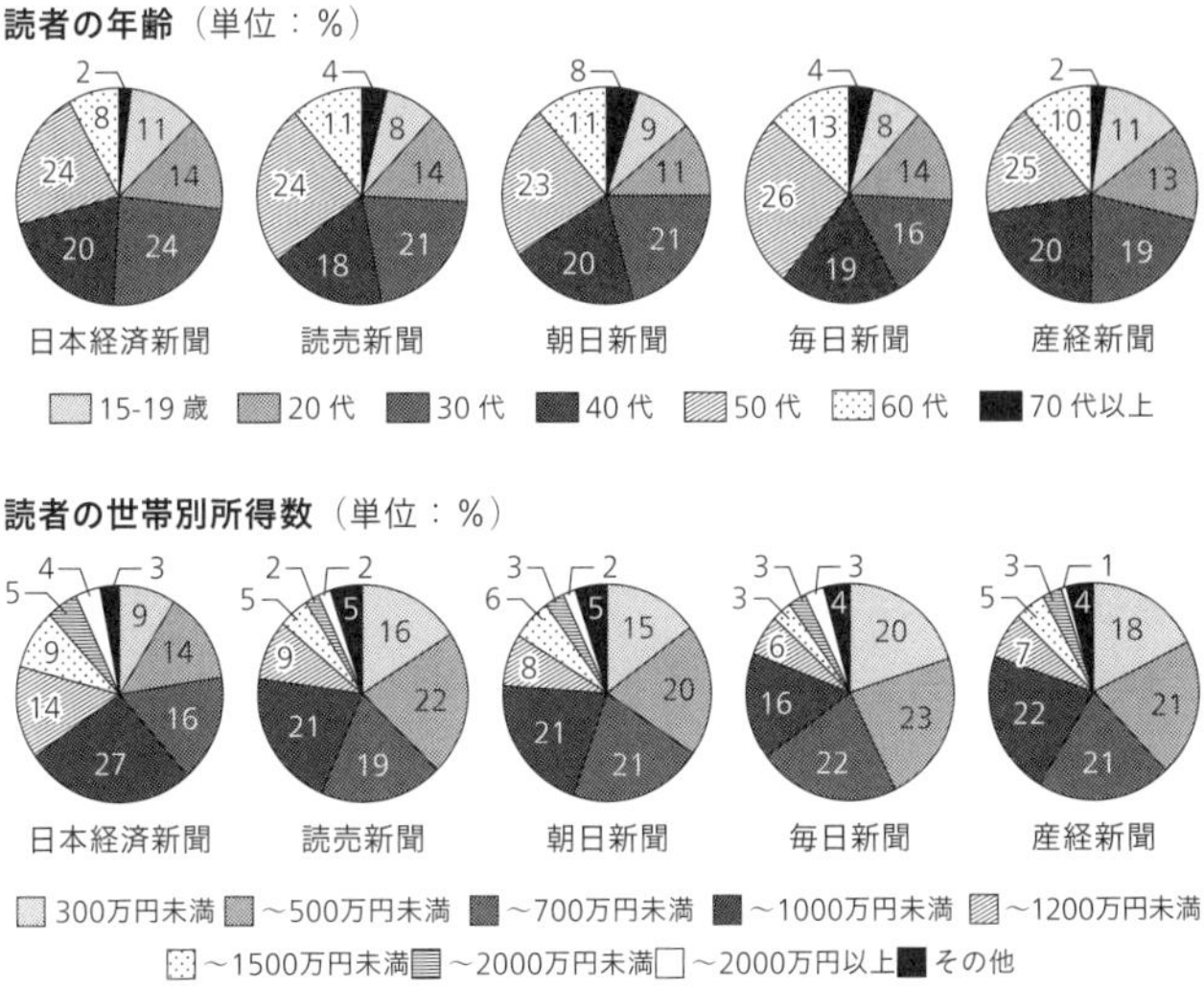

出典：メディアガイド（2020 年）

帯年収こそ日本経済新聞に及びませんが、弁護士や医師など知的エリート層が読者に多いといわれています。読売新聞は、発行部数がダントツに多いので、数を狙うなら読売新聞です。広告料金は各紙で値段が変わります。基本的には発行部数が多い上位3紙の価格が高くなっています。

セオリーは当然発行日の前後となります。ただし新聞広告の掲載は1日だけです。その日は瞬間風速的に認知度が上がるかもしれませんが、その効果はすぐに消えて

図29 広告の掲載日と販売数の推移

媒体／掲載枠	掲載日
日経／サンヤツ	20.7.14（火）
産経／サンヤツ	20.7.26（日）

媒体／掲載枠	掲載日
日経／半五段	20.11.3（火・祝）

媒体／掲載枠	掲載日
日経／全五段	21.1.5（火）

媒体／掲載枠	掲載日
日経／半五段	21.4.11（日）

媒体／掲載枠	掲載日
日経／半五段	21.7.18（日）
日経／半五段	21.10.3（日）

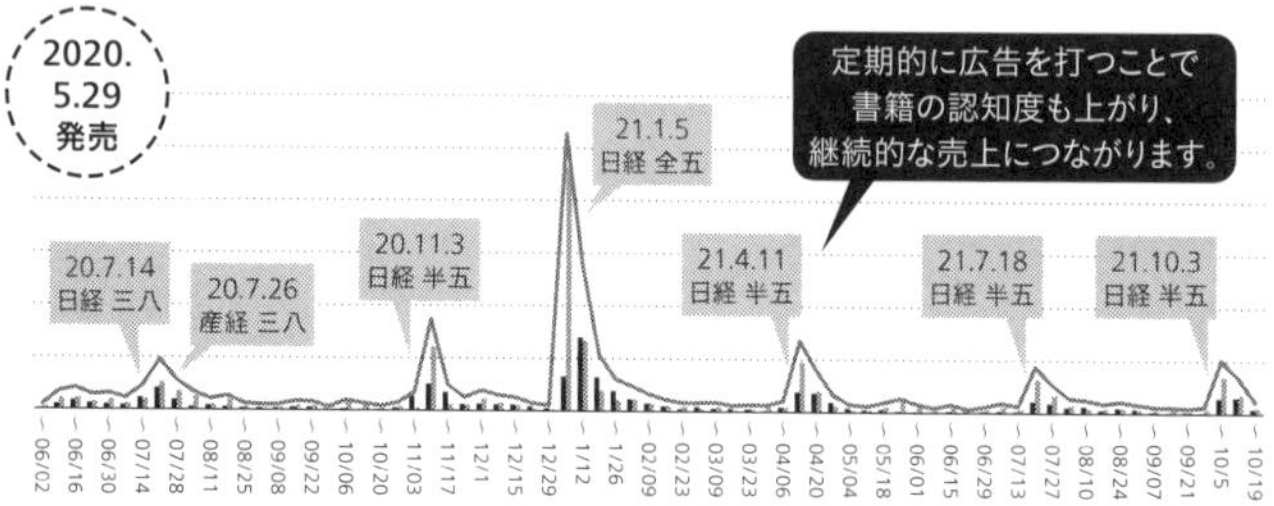

しまいます。書籍の認知度も安定的に上げ、継続的な売上を狙うには、複数の新聞に、さまざまなタイプの広告を、時期をずらして一定期間掲載するのが理想的です。

もう一つ新聞広告の大きな特徴として挙げられるのが、思い出になるということです。新聞広告を切り抜いてスクラップしておくと、いつでも取り出して見たり、人に見せたりできます。広告の文面自体は編集部で考えたものにはなりますが、自分に関係のある事柄が紙面を飾るというのは心に残るものです。「日経に載った」というのは、なかなかできない経験です。

全国紙ではなくブロック紙や地方紙に広告を打つのもおすすめです。ブロック紙は北海道・東北・関東など一定の商圏で発行される新聞、地方紙はさらに細かく各都道府県に本社があるローカルな新聞ですが、各地域ではそれぞれかなりのシェアを占めています。最大のメリットは、全国紙に比べて圧倒的に広告料金が安いことです。全国紙は予算的に厳しいけれど、自分の住んでいる地域や生まれ故郷の新聞に記念として広告を掲載したいと希望する著者もいます。あくまで本を宣伝するための新聞広告ではありますが、自分が書いた本が取り上げられているというのは、著者にとってうれしいことです。

いまや書店も「箱」から「メディア」になっている

かつて書店は本を売るための箱でした。ほかに本を扱う場所はなく、本を買いたければ書店に行く以外なかったからです。したがって、客は必ずしも本好きではありりませんでした。仕事で仕方なく資料を買いに来た人や、週に1回発売される少年マンガ誌を買いに来た小学生もいたはずです。また、昔は駅前の好立地に路面店としてあるのが一般的でしたから、単なる暇つぶしや雨宿りのために立ち寄る人も多くいました。つまり、さまざまな属性の人が集まる公共の箱、それがかつての書店の姿でした。

しかし、いまやAmazonなどのネット書店で、家や会社にいながらいつでも本が買える時代です。仕事で年に何十冊も買うという本好きでさえ、何年も書店に足を運んでいないという人はざらにいます。しかも駅前の個人書店は次々とファストフードチェーンやカフェに取って代わられ、書店は目的があってわざわざ行く場所に変わりました。出入り自由な広場というよりも書籍と本好きをつなぐ媒体、メディアといえます。

そう考えると、書店はテレビと非常によく似ています。まず、さまざまなジャンルにセグメント化されています。テレビでは、健康に興味がある人は健康番組、物語が好きな人はドラマというように、観たい内容に合わせてチャンネルを選べますが、書店も、健康に興味がある人は健康に関する本を置いている書棚、物語が好きな人は小説が置かれている書棚と、読みたい本の内容に応じて書棚に足を運ぶことができます。

図30 有償展開

期間を指定してのパネル展開やポスター展開、
多面展開を行い、売り場と店頭での話題性を醸成します。
来店者とのタッチポイントを増やして
書籍を手に取ってもらいやすい環境をつくります。

パネル展開

ポスター展開

多面展開

面白い番組はないかとチャンネルをせわしなく変えるザッピングは、面白い本はないかと書店の中をぶらぶら歩くのに似ています。そこで出会った番組や見つけた1冊に人生を変えられるようなことが起こり得るのも、テレビと書店に共通する要素です。

プロモーションも似てきます。例えばテレビ番組の宣伝はテレビを観ている視聴者に対して行われます。当然ですが、今テレビを観ている人に向けて訴求するのがいちばん効果を見込めるからです。同じように、本の宣伝も本が好きな人にするのがいちばん効果的です。ですから出版社は書店に対してもさまざまなプロモーション活動を行っています。

最もシンプルなのは、有償展開と呼ばれる有料のプロモーションではありますが、パネル展開やポスター展開、多面展開を行ったり、書棚の一角にずらりと本を並べたりすることです。

自費出版においては、住んでいる地域の書店や題材に関係する地域の書店に、重点的にプロモーションをかけることもあります。新聞広告と同じで、自分の本を宣伝するパネルやポスターは一生の宝物となります。

書店よりもAmazonで大人気ということも

——ネット書店の活用法

Amazonは単に本を売る場所ではなく、個別の書籍がどれくらい売れているかを知ることができる場所としても、大きな役割を果たしています。

試しにAmazonで本を検索し、その本の販売ページを開いてみると、タイトル、価格、商品情報、著者情報と続き、その下に登録情報という欄があります。そこには出版社、発売日、言語、本のサイズ、ISBN番号などのスペックが書かれていますが、注目すべきはいちばん下の「Amazon売れ筋ランキング」と「カスタマーレビュー」です。

売れ筋ランキングには総合順位、所定のジャンルでの順位が示されています。カスタマーレビューは、この本を読んだ人の評価が5つの星とコメントで示されます。星の平均獲得数が高ければ高いほど、多くの人から高い評価を得ていることになり、評価の数が多ければ多いほどたくさんの読者に読まれているということになります。書店の売上ランキングのようなものですが、Amazonのほうは全国での売上なので規模がまったく違います。また、本の売れ筋が具体的な数字で分かるAmazon 売れ筋ランキングは、人々の購入動機に大きな影響を与えるといわれています。

有料オプションにはなりますが、希望する著者はAmazonにも広告を打ち出すことができます。Amazonのプロモーションの一つであるスポンサープロダクト広告というものです。これは検索連動型広告、いわゆるリスティング広告で、著書に関連するキーワードで検索すると、その著書がAmazonの検索結果の上位に表示されやすくなります。

例えば白内障の本であれば、「白内障」と検索したときに出てくる書籍の上位にその著書が出てくるということです。あわせて、著書と関連する商品のページにも広告が表示されていきます。このメリットは、書籍購入意欲が潜在的に高い層にリーチできるということです。1クリックごとの課金なので、初期費用を比較的低く抑えることも可能です。

本の中身をネットでも読ませる
――Webメディアミックス戦略の今

インターネットを中心に情報や経済が回っている現代において、さまざまなメディアを駆使して横断的にプロモーションするメディアミックス戦略も、Webメディアが中心となってきています。本は、読んでもらえなければ「ただ作っただけ」で終わってしまいます。著書を世の中に広めていくために、Webの拡散力を利用する出版社も増えています。

まず本好きの人にリーチするために、書籍関連のWebメディアに特集記事やインタビュー記事を掲載する方法があります。単なるあらすじや読者レビューではなく、プロのライターによる客観的かつ興味をそそる記事によって、より多くの人たちに著書の内容を知ってもらうことができます。記事へのユーザー誘導にはWeb広告を使用します。学歴や職歴、交際ステータスや子どもの有無、趣味関心まであらゆる

図31 インタビュー記事

話題の本.com

RANKING

BOOKSHELF

NOVEL

INTERVIEW

COLUMN

BOOKS

【著者インタビュー】産後ケアリストである川村美星氏が著書「パパになる前に知っておくべき11のこと」に込めた思いとは

著者

川村美星

なぜ産後うつは起こる？　ママからのSOSをキャッチして

……出産後の「マタニティブルーズ」は何が原因なのでしょうか。

図32 書籍のプロモーション手法

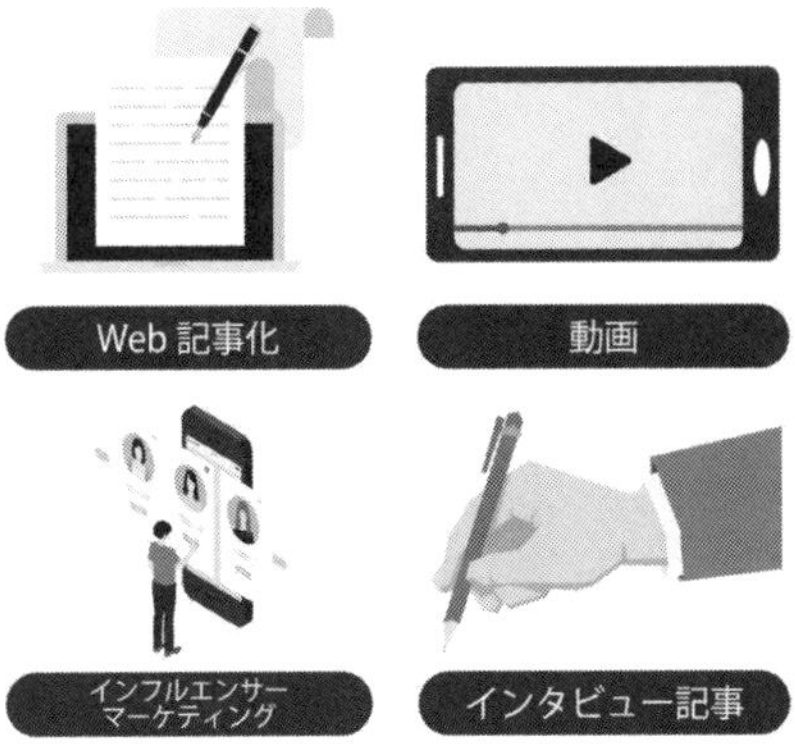

項目でターゲティングを行い、配信することが可能です。

インフルエンサーマーケティングも効果的なプロモーション手法です。インフルエンサーは、広い意味では社会に対して影響力の大きい人、狭い意味ではSNSアカウントのフォロワー数が多く、投稿のリーチ数が多い人を指します。一般的にインフルエンサーマーケティングといえば後者を指します。具体的にはネットでの影響力の大きいインフルエンサーに著書を読んでもらい、Instagram や Facebook などに書籍の感想を投稿してもらいます。著書とインフルエンサーの特性がうまく合致すれば、ピンポイントで潜在読者層にリーチすることができます。

書籍の内容を要約した動画を作り、YouTube広告へ配信するプロモーション手法もあります。作った動画は自らのホームページやセミナーなどで二次利用、三次利用することができます。

近頃は本の中身を少しだけ読ませるプロモーション手法にも注目が集まっています。例えば、私たちは20〜40代のビジネスパーソンがメイン層のビジネスバラエティーメディア「新R25」と提携しており、著書のなかからR25世代に響くポイントを抜き出し、コンテンツ化して掲載しています。立ち読み感覚で書籍に触れてもらうことで、書籍の認知拡大と購入のきっかけをつくり出します。

図33 ビジネスバラエティーメディア「新R25」

本からの転載で1000万PV
――『ゴールドライフオンライン』の成功事例

Webメディアミックス戦略は、いわゆる〝バズ〟ればより多くの読者にリーチできる方法ですが、それなりの広告費用がかかります。個人の自費出版ではなかなか手が出ないのが現実です。

そこで私たちが用意しているのが「ゴールドライフオンライン」（以降GLO）というWebメディアです。「市井の人々が主役のWEBメディア」をコンセプトに、1億2000万人の「LIFE」一つひとつに光を当て、論説、小説、仕事、お金、文化、食、エッセイ、健康などさまざまなジャンルから、毎日10本以上の記事を掲載しています。

ここに掲載される記事は、実は幻冬舎ルネッサンスから刊行している自費出版書籍を一部抜粋・編集したものです。書籍のおいしそうなところを切り出して、より多くの人に味見をしてもらうというわけです。記事というかたちにすることで、書籍のあらすじだと意識せずに読んでもらえるメリットがあります。

なかには連載記事として大ヒットしたものもあります。その代表格が、2020年10月9日から16回に分けて連載した『プリン騒動』です。スマートニュースなどの外部サイトに配信されたこともあり、連載開始から半年足らずで1000万PVを突破しました。実際、この連載をきっかけにAmazonでの売上も大幅に伸びました。

記事化の方法としては、書籍の一部を抜粋して、Web読者に広く読まれるように記事タイトルや見出しをGLO編集部側で再構成し、その記事専用のアイキャッチ画像を作って配信するという流れです。著者写真の掲載も可能です。

著者のメリットとしては、切り口を変えることでより多くの読者にリーチでき、掲載期限がないことが挙げられます。著者側から削除依頼がない限り、半永久的に（サイトがなくならない限り）GLO上で掲載され続けるのです。こうしたサービスは今のところ他社では見られません。

GLOでの記事連載は単なるプロモーションの枠にとどまりません。表現したも

図34 ゴールドライフオンライン

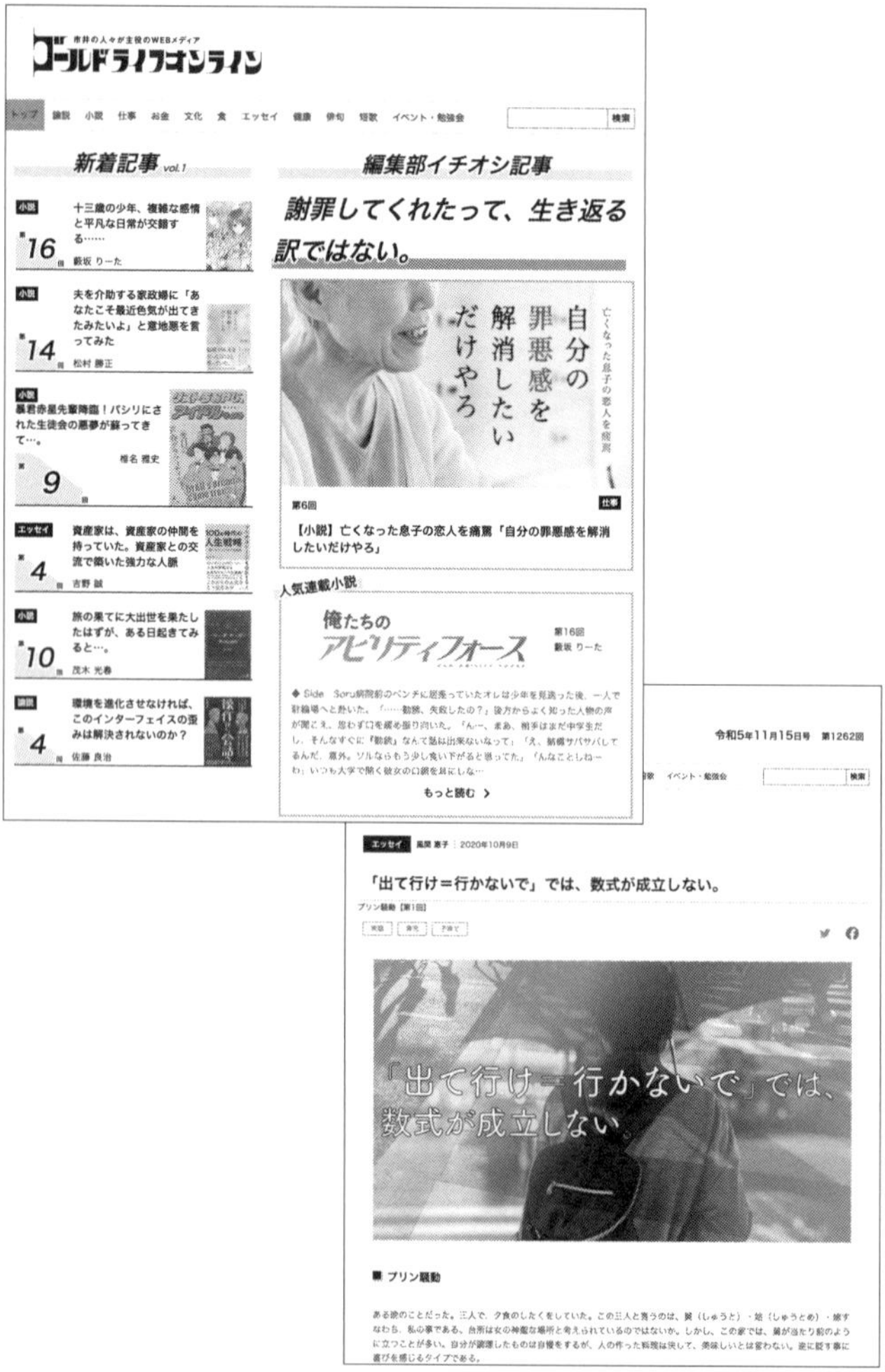

のを紙だけでなくWeb上にも定着させるという効果があります。自費出版はSNSにはない特別な体験ではありますが、より多くの人に読んでもらう力はSNSには劣ります。紙の存在感、Webの拡散力、両方のいいとこ取りができるのがこのGLOです。

こうした書籍をWeb記事化するという流れは今後追い風になるでしょう。というのも、ChatGPTのような生成AIによる血の通わない文章がネット上に氾濫すればするほど、それらと差別化するために血の通ったリアルな文章が求められるからです。

その点、プロの編集者とともにじっくりと磨き上げられた書籍を抜粋編集した記事は、粗製乱造の文章が溢れるネット上で光り輝くはずです。紙でも残す、Webでも残す。これが次世代の自費出版のスタンダードです。

おわりに

今、自費出版をする人が増えています。世の中にはX（旧Twitter）やFacebook、noteなど、いくらでも自分の文章を書いて発信できるツールがあるのに、あえて本を出そうと思うのはなぜか。たくさんの著者の声を聞いて思うのは、本が表現の最終地点だからです。

自費出版をした人が文章を書こうと思ったきっかけはさまざまです。ぽっかりと空いた心の穴を満たすために書く人、自分の内側から湧き出る情熱が止まらない人、自分の生きてきた道を記録しておきたい人、自分の頭のなかの空想世界をかたちにしたい人……。ただし、共通しているのは、「書く以上まとまったかたちにして、後世に残したい」ということです。

そして、その残し方として想いを一つの体系だったかたちにしてくれる本は、最適な表現方法なのです。

人間は命のバトンをつないで生きています。両親がいて、さらにその両親がいて、そのまた両親がいて、彼らが連綿と命をつないできた結果、現在の私たちが生きているのです。

今、私たちのもとにあるそのバトンも、やがては次の世代に手渡されなければなりません。そのように考えたとき、何かのかたちで、自分が生身の人間として生きてきた証しも一緒に残したいと思うのは自然なことです。自分の想いが込められていれば、小説でも自伝でも形式はなんでも構いません。表現の力を借りて自己実現を果たし、生きた証しを後世に残したいという願いをかなえるのが自費出版です。

生きた証しを残すというと、人生の締めくくりの最後の仕事のように感じられるかもしれませんが、実はそうではありません。自費出版を経験した人のインタビューを読むと、むしろ新たな目標に向かって力強く歩み始める人がほとんどであることが分かります。多くの著者が自費出版をすることでそれまでの人生に区切りをつけ、新たな人生の再スタートを切っているのです。実際、自費出版をしたあとに新たな仕事や自分の役割を見つけ、大活躍している人が数多くいます。

図35 シニア層の趣味

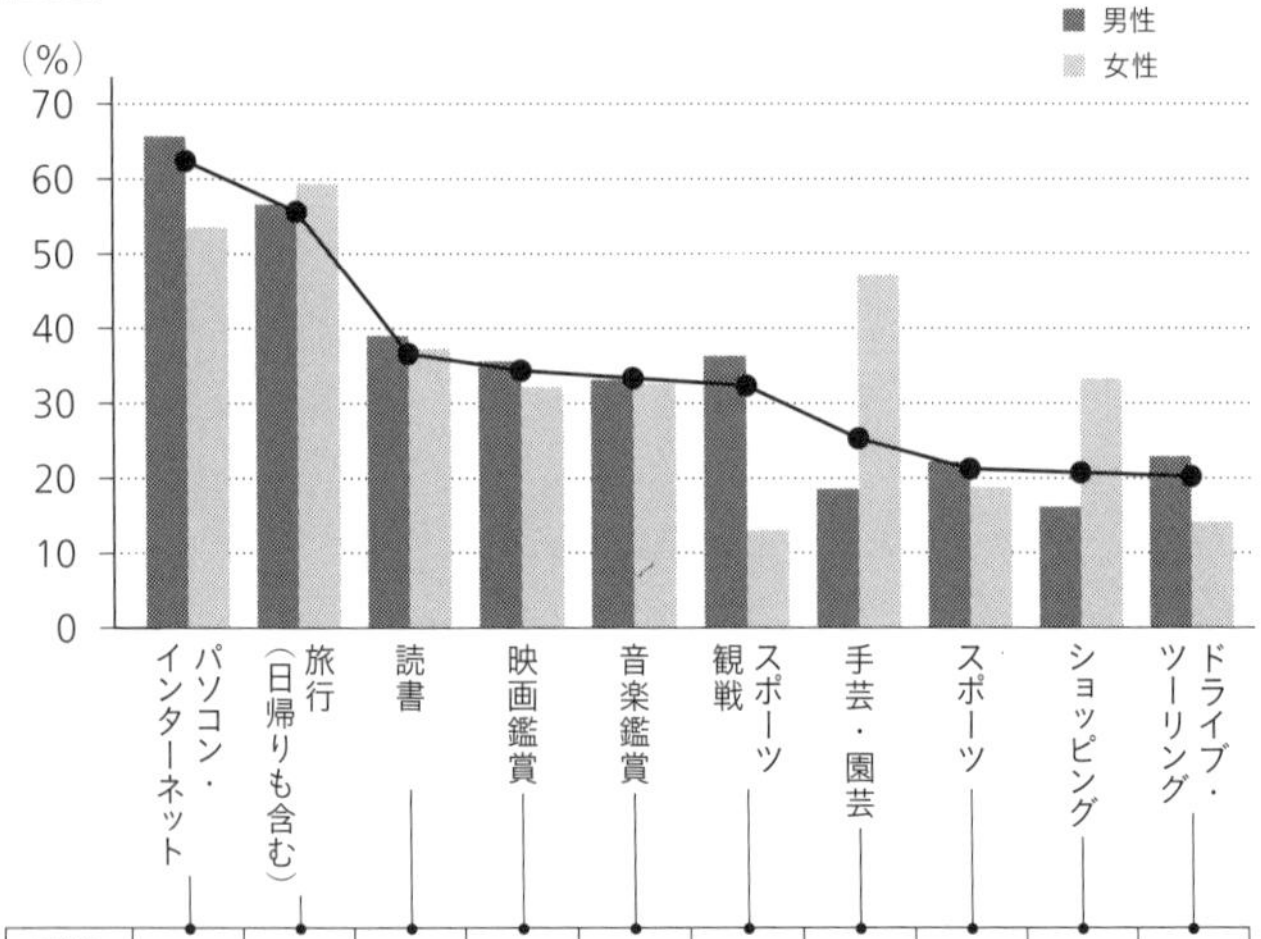

	パソコン・インターネット	旅行（日帰りも含む）	読書	映画鑑賞	音楽鑑賞	スポーツ観戦	手芸・園芸	スポーツ	ショッピング	ドライブ・ツーリング
男性（n=724）	65.7%	56.6%	39.0%	35.6%	33.1%	36.3%	18.6%	22.2%	16.2%	22.9%
女性（n=276）	53.6%	59.4%	37.3%	32.2%	32.6%	13.0%	47.1%	18.8%	33.3%	14.1%
全体（n=1000）	62.4%	57.4%	38.5%	34.7%	33.0%	29.9%	26.5%	21.3%	20.9%	20.5%

出典：「シニアの趣味に関する調査 2016年」（株式会社ネオマーケティング）

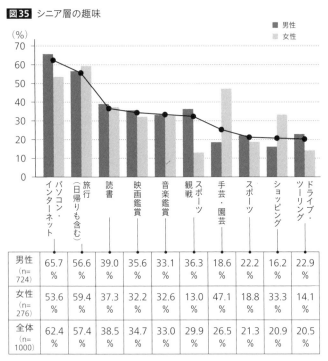

人生をじっくり振り返る機会は、忙しい現代人にはなかなかありません。しかし、それをすることで、自分の生まれてきた意味やたどってきた道の理由が実感できます。そして、それを文章にすること、すなわち無から有をつくり出す作業の興奮は何物にも代えがたいものがあります。文章を書くのはペン1本、パソコン1台あれば誰でも可能です。それでいて自分の思考のなかに潜っていくダイナミズムは底なしです。これほど簡単に始められて創造的な趣味はありません。

ただし、文章は自分で書けたとしても、1冊の本として仕上げるには、それなりの技術と経験値が必要となります。その本づくりのプロが出版社であり、編集者です。私たちは著者の本を作りたいという想いを汲み上げ、磨き上げられた1冊の本とするお手伝いをしています。

苦労をしたすえに原稿が出来上がったとき、本が出来上がったときにはすばらしい達成感が得られます。だからこそ、一生に1冊ぐらいと始めながら、いざ出来上がるとこの達成感がクセになって続けて2冊目、3冊目と出版する人もいます。書くたびにプロモーションを行い、自ら忙しく営業に駆け回る人もいます。その表情はいきいきとしていて、出版のサポートをしている私たちもうれしくなります。

自分が生きてきた証しを残せるのは自分だけです。自分の人生を生きてきたのは、自分しかいないからです。自分の人生や想いを、未来に残したいと思ったら、ぜひ自費出版に向かって、その一歩を踏み出してください。

幻冬舎ルネッサンス

株式会社幻冬舎メディアコンサルティングの個人出版事業部として 2017年に創業。ハイクオリティでオールジャンルに対応した自費出版サービスを行う。「著者」「読者」「作品」三方の声を聞くことをモットーに、作品の潜在的な魅力を引き出すヒアリングから出版後の販促プロモーションまで、制作チーム全体でサポートする体制をとっている。年間700タイトルを刊行しており、総刊行点数は 3700点を超える実績をもつ。

本書についての
ご意見・ご感想はコチラ

はじめての自費出版

2023年12月20日　第1刷発行

編　者　　幻冬舎ルネッサンス
発行人　　久保田貴幸

発行元　　株式会社 幻冬舎メディアコンサルティング
〒151-0051　東京都渋谷区千駄ヶ谷4-9-7
電話　03-5411-6440（編集）

発売元　　株式会社 幻冬舎
〒151-0051　東京都渋谷区千駄ヶ谷4-9-7
電話　03-5411-6222（営業）

印刷・製本　中央精版印刷株式会社
装　丁　　秋庭裕貴

検印廃止

Printed in Japan
ISBN 978-4-344-94715-3 C0095
幻冬舎メディアコンサルティングＨＰ
https://www.gentosha-mc.com/